अछूत कौन थे
और वे अछूत कैसे बने?

डॉ. भीमराव अम्बेडकर

डायमंड बुक्स
www.diamondbooks.in

प्रकाशक : डायमंड पॉकेट बुक्स (प्रा.) लि.
X-30 ओखला इंडस्ट्रियल एरिया, फेज-II
नई दिल्ली - 110020
फोन : 011- 40712200
ई-मेल : wecare@diamondbooks.in
वेबसाइट : www.diamondbooks.in
संस्करण : 2024

Achhoot Kaun the aur Ve Achhoot kaise bane?
by : *Dr. B.R. Ambedkar*

भूमिका

यह किताब एक प्रकार से मेरी दूसरी किताब, "शूद्र कौन थे और वे कैसे हिंदी आर्य समाज का चौथा वर्ण बने?" (यानी शूद्रों की खोज) का बाकी भाग है। जो 1946 में प्रकाशित हुई थी। आज हिंदू सभ्यता ने तीन और सामाजिक वर्गों को जन्म दिया है, जिनकी ओर जितना ध्यान जाना चाहिए, उतना नहीं दिया गया। वे तीन सामाजिक वर्ग हैं।

1. जरायम- पेशा जातियां (Criminal Tribes) जिनकी जनसंख्या लगभग दो करोड़ है; 2. आदिवासी जातियां (Aboriginal Tribes) जिनकी जन-संख्या लगभग दो करोड़ है; 3. अछूत जातियां (Untouchables) जिनकी जनसंख्या लगभग पांच करोड़ है।

यह विडंबना की बात है कि आज भी इन जातियों के वर्ग कायम हैं जो एक कलंक है। यदि हिन्दू- सभ्यता को इन वर्गों के जनक के रूप में देखा जाए, तो वह 'सभ्यता' ही नहीं कहला सकती। वह तो मानवता को दबाए तथा गुलाम बनाए रखने के लिए शैतान का षडयन्त्र है। इसका ठीक नामकरण 'शैतानियत' होना चाहिए। उस सभ्यता को हम और क्या नाम दें, जिसने ऐसे लोगों की एक बड़ी संख्या को जन्म दिया हो, जिन्हें यह शिक्षा दी जाती है कि चोरी-चकारी करके जीविका चलाना जीविकोपार्जन का एक मान्य 'स्वधर्म' है। दूसरी बड़ी संख्या, सभ्यता के बीचोबीच अपनी आरंभिक बर्बर अवस्था बनाए रखने के लिए स्वतंत्र छोड़ दी गई है, और एक तीसरी बड़ी संख्या है, जिसे सामाजिक व्यवहार से परे की चीज समझा गया है, और जिसके स्पर्श मात्र से लोग 'अपवित्र' हो जाता है।

यदि किसी भी दूसरे देश में ऐसे वर्ग मौजूद होते, तो वहां लोग अपने दिलों को टटोलते और उसके मूल कारणों का पता लगाने की कोशिश करते। लेकिन हिन्दुओं को दो में से एक भी नहीं सूझी। इसका कारण साफ है;

हिन्दुओं को यह लगता ही नहीं कि इन वर्गों का अस्तित्व उनके लिए कुछ क्षमायाचना करने शर्म या लज्जा का कारण है। वह इस विषय में न पछतावा करने की अपनी जिम्मेदारी समझता है और न इसकी उत्पत्ति तथा विकास के संबंध में खोज करने की। दूसरी ओर हर हिन्दू को यह विश्वास दिलाया जाता है कि उसकी सभ्यता न केवल सबसे अधिक प्राचीन है बल्कि अनेक दृष्टियों से यह एकदम अनूठी व श्रेष्ठ भी है। हिन्दू इन बातों को गर्व से दोहराने में कभी नहीं थकता। हिन्दू सभ्यता बहुत प्राचीन है, यह बात समझ में आती है। और मानी

भी जा सकती है, लेकिन यह बात समझ में नहीं आती कि हिन्दू अपनी सभ्यता को अनूठी (Unique) किस अधिकार पर कहता है? हिन्दुओं को भले ही यह अच्छा न लगे लेकिन जहां तक गैरहिन्दुओं का संबंध है, इस प्रकार की मान्यता का एक ही आधार हो सका है। यह आधार इन वर्गों का अस्तित्व है जिनकी जिम्मेदारी हिन्दू सभ्यता पर है। किसी हिन्दू को इस बात के दोहराने की जरूरत नहीं कि हिन्दू-सभ्यता एक अनोखी चीज है क्योंकि कोई इससे इनकार नहीं करता। काश! हिन्दू इस बात को समझते की यह अभिमान (pride) करने की नहीं, बल्कि लज्जित (shame) होने की बात है।

हिन्दू-सभ्यता की बुद्धिमत्ता (sanity), श्रेष्ठता (superiority) और पवित्रता में लोगों का जो झूठा विश्वास है, उसका मूल कारण हिन्दू-विद्वानों का विचित्र सामाजिक मानसिकता है।

आज तमाम पांडित्य ब्राह्मणों में सीमित है, लेकिन दुर्भाग्य से अभी तक एक भी ब्राह्मण पंडित ने आगे बढ़कर वाल्तेयर जैसा काम नहीं किया। वाल्तेयर में बौद्धिक ईमानदारी थी, जिनके कारण, वह जिस कैथोलिक चर्च में पला था, उसी के सिद्धांतों के विरुद्ध उठा खड़ा हुआ। भविष्य में भी किसी के वाल्तेयर बनने की संभावना नहीं। ब्राह्मणों के पांडित्य पर यह एक कड़ी चुनौती है कि उन्होंने एक भी वाल्तेयर पैदा नहीं किया। इसमें कोई आश्चर्य नहीं होगा यदि यह बात याद रहे कि ब्राह्मण पंडित सीखे हुए विद्वान लोग (learned man) मात्र हैं, मनीषी नहीं हैं। जबकि दोनों आकाश-पाताल का अन्तर है। पहला वर्ग चैतन्य (class conscious) होता है, वह अपने वर्ग के स्वार्थों की परवाह न कर स्वतंत्रतापूर्वक आचरण कर सकता है। ब्राह्मणों ने जो कोई वाल्तेयर पैदा नहीं किया, उसका कारण यही है की ब्राह्मण केवल विद्वान हुए हैं।

ब्राह्मणों ने कोई भी वाल्तेयर क्यों पैदा नहीं किया? इस सवाल का उत्तर एक दूसरे प्रश्न द्वारा भी दिया जा सकता है। तुर्की के सुल्तान ने इस्लामी संसार के मजहब को क्यों नष्ट नहीं किया? किसी भी पोप ने कैथोलिक धर्म की निन्दा क्यों नहीं की? ब्रिटिश पार्लियामेंट ने तमाम नीली आंखों वाले बच्चों को मार डालने का कानून क्यों पास नहीं किया? सुल्तान, पोप या ब्रिटिश पार्लियामेंट उसी एक कारण से यह सब बातें नहीं कर सकी, जिस कारण से बाह्मण कोई वाल्तेयर पैदा नहीं कर सके। यह बात मान लेनी चाहिए की किसी लोग के आचरण को उसका या उसके वर्ग का स्वार्थ अन्दरूनी तौर पर बांध देता है और उसकी बुद्धि भी उसी के अनुसार ही कार्य करती है। ब्राह्मण को आज हिन्दू समाज में जो शक्ति और पद मिला हुआ है, वह संपूर्ण रूप से इस हिन्दू सभ्यता के ही कारण है, जो उसे सामान्य मानव से कुछ बढ़कर (super man) स्वीकार करती है और निचले वर्ग के लोगों पर कई प्रकार की पाबंदियां लगाती है, जिससे वे कभी विद्रोह करके ब्राह्मण की श्रेष्ठता को अस्वीकार न कर बैठें और विद्रोह न कर लें। ऐसा स्वाभाविक ही है। हर ब्राह्मण का, चाहे वह रूढ़िवादी विचार का हो, चाहे

प्रगतिशील चाहे वह पुरोहित हो, या गृहस्थ हो, पंडित हो, या अपंडित हो, स्वार्थ इसी बात में है कि ब्राह्मण का स्थान ऊंचा बना रहे। ब्राह्मण वाल्तेयर किस तरह हो सकते थे? ब्राह्मणों में यदि कोई वाल्तेयर पैदा हो जाए तो वह उस सभ्यता के लिए एक निश्चित खतरा सिद्ध होगा, जिसकी रचना ही ब्राह्मणों को ऊंचा या श्रेष्ठ बनाये रखने के लिये हुई है। ब्राह्मण की प्रतिभा को इस बात की चिन्ता बनी रहती है कि उसका स्वार्थ सुरक्षित रहे। उस पर एक भीतरी प्रतिबन्ध लगा हुआ है, जिसके कारण उसकी प्रतिभा उस सीमा तक नहीं खिलती, जिस सीमा तक उसकी ईमानदारी और सच्चाई के कारण उसको खिलना चाहिए। उसे यह डर रहता है कि कहीं इससे उसके वर्ग को और अपने स्वार्थों को हानि न पहुंच जाए।

लेकिन जो बात ब्राह्मणों को चिढ़ाती है, वह ब्राह्मणी साहित्य की पोल खोलने के किसी भी कोशिश के प्रति ब्राह्मणी पंडित की असहनशीलता। वह खुद तो, जहां जरूरी भी हो, वहां भी मूर्ति भंजक का काम नहीं करेगा।

वह ऐसे गैरब्राह्मणों को भी, जिनमें यह कार्य करने की क्षमता व साहस हैं, उन्हें भी नहीं करने देगा। यदि कोई गैरब्राह्मण ऐसा कोशिश करे, तो सब ब्राह्मण पंडित साजिश करके चुप्पी साध लेंगे, उसके कथन की ओर ध्यान ही नहीं देंगे। किसी मामूली बात को लेकर उसका एकदम विरोध करेंगे या उसकी रचना या काम को एकदम निकम्मा ठहरा देंगे। ब्राह्मणी साहित्य की पोल खोलने के काम में लगे हुए लेखक के नाते मैं इस प्रकार के नीचतापूर्ण व्यवहार का शिकार हो चुका हूं।

ब्राह्मण पंडितों के ऐसे व्यवहार के बावजूद, जिस कार्य की मैंने जिम्मेदारी ली है, वह मुझे करते रहना चाहिए। इन वर्गों की उत्पत्ति कैसे हुई, यह एक ऐसा विषय है, जिसके खोज करने की आवश्कता है। इस किताब में इन अभागे वर्गों में से एक पर विचार किया गया है। तीनों में अछूतों की ही संख्या सबसे अधिक है और उन्हीं का अस्तित्व भी सबसे अधिक मानवता व प्रकृति के खिलाफ है। इतना होने पर भी अभी तक उनके 'मूल' या उत्पत्ति का पता लगाने की कोई कोशिश नहीं हुई। हिन्दुओं ने ऐसा कोशिश आरंभ न किया हो, यह बात अच्छी तरह समझ में आती है। पुराने रूढ़िवादी हिन्दू को 'छूत- छात' मानने में कोई दोष ही नहीं दिखाई देता। उसके लिए यह एक सामान्य और स्वाभाविक बात है। इसलिए इस संबंध में न उसे किसी पछतावा की आवश्यकता है और न कारणों को स्पष्ट करने की। आधुनिक नए विचार के हिन्दू को इसमें दोष दिखाई देता है, लेकिन उसे इसकी सार्वजनिक तौर पर चर्चा करते हुए लज्जा आती है। उसे इस बात का डर लगा रहता है कि कहीं विदेशी यह न भांप जाएं कि हिन्दू-सभ्यता इस प्रकार की निन्दनीय तथा विष भरी व्यवस्था या सामाजिक व्यवस्था है, जो कि 'छुआछूत' जैसी अमानवीय मानसिकता की जनक हो सकती है। लेकिन, आश्चर्य की बात है कि 'छुआछूत' ने सामाजिक संस्थाओं के यूरोपियन विद्यार्थियों का भी ध्यान अपनी ओर

आकर्षित नहीं किया। ऐसा क्यों हुआ? यह समझ में आना कठिन है? लेकिन बात ऐसी ही है।

इसलिए यह किताब इस विषय में, जिसकी हर किसी ने अपेक्षा की है। एक मार्ग-दर्शक कोशिश समझी जा सकती है। यदि मैं कहूं कि यह किताब न केवल मुख्य सवाल के हर पहलू पर विचार करती है, जिस पर विचार करना इसका उद्देश्य है, बल्कि 'छुआछूत' की उत्पत्ति और इस संबंध के लगभग अन्य सभी सवालों पर भी विचार करती है। कुछ सवाल तो ऐसे हैं जिनका बहुत ही कम लोगों को ज्ञान है, और जिन्हें ज्ञान है, वे बेचारे हैरान हैं। उनकी समझ में नहीं आता कि वे इन सवालों का क्या उत्तर दें? इन सवालों में से कुछ, जिन पर इस किताब में विचार किया गया है, ऐसे हैं। जैसे (1) अछूत गांव के बाहर क्यों रहते हैं? (2) गोमांसाहार छुआछूत का कारण क्यों छोड़ दिया? (5) ब्राह्मण क्यों शाकाहारी आदि बन गए? इस किताब में, इनमें से हर सवाल का उत्तर सुझाया गया है। संभव है, इस किताब में जो उत्तर दिए गये हैं वे सभी दृष्टियों से संपूर्ण न हों, लेकिन यह स्वीकार करना होगा कि यह किताब पुरानी बातों पर कई दृष्टि से विचार करने का कोशिश अवश्य है।

इस किताब में 'छुआछूत' की उत्पत्ति के बारे में जो विचार-सारणी दी गई है, वह सर्वथा नवीन है उसकी मुख्य धाराएं ये हैं।

1. 'हिन्दुओं और अछूतों' में 'नस्ल' (race) की कोई भिन्नता नहीं है।

2. 'छुआछूत' की उत्पत्ति से पहले अपने मूल रूप में हिन्दुओं' और 'अछूतों का भेद एक दल के लोगों (tribes) तथा पराए दलों के अलग हुए लोगों (broken men from alien tribes) का विभेद था। ये अलग हुए लोग ही आगे चलकर 'अछूत' कहलाए।

3. जिस प्रकार 'नस्ल' की भिन्नता 'छुआछूत' का आधार नहीं है, उसी प्रकार पेशों की भिन्नता भी 'छुआछूत' का आधार नहीं है।

4. छुआछूत की उत्पत्ति के मूल कारण दो हैं

क : ब्राह्मणों द्वारा बहिष्कृत लोगों और बौद्धों के प्रति घृणा व तिरस्कार करना।

ख : दूसरों के द्वारा गो-मांस खाना छोड़ देने पर भी अलग हुए लोगों द्वारा गो-मांस खाते रहना।

5. 'छुआछूत' के मूल का पता लगाने की कोशिश में हमें यह सावधानी रखना चाहिए कि हम 'अछूत' और 'अपवित्र'(impure) को एक न बना दें। जितने रूढ़िवादी लेखक हैं, उन्होंने 'अछूत' और 'अपवित्र' को एक कर दिया है। यह एक गलती है। 'अछूत' और 'अपवित्र' एक दूसरे से अलग है।

6. अपवित्र का अस्तित्व धर्मसूत्रों के समय से आरम्भ होता है जबकि छुआछूत बहुत बाद में 400ई. से अस्तित्व में आई।

ये निष्कर्ष ऐतिहासिक खोजों के परिणाम हैं। एक इतिहासकार को अपने सामने जो लक्ष्य

रखना चाहिए, उसे गोएथे ने उपयुक्त शब्दों में रखा है। उसका कहना है:

"इतिहासकार का कर्तव्य है कि वह सत्य को असत्य से, निश्चय को अनिश्चय से तथा संदिग्ध को अस्वीकारणीय से अलग करे। हर एक खोजी को सबसे ऊपर अपने आपको ऐसा समझना चाहिए, मानो वह किसी मुकदमे का फैसला करने के लिए बैठा हो। उसे केवल इस बात पर विचार करना है कि गवाहियों के हिसाब से मुकदमे का पूरा और स्पष्ट रूप क्या है? तब उसे अपना निष्कर्ष निकालना है, और अपना विचार (फैसला) देना है, भले ही उससे पहले लोग के साथ उसका फैसला मेल खाए, चाहे न खाए।" संबंधित जरूरी घटनाएं मालूम हों। यह तमाम उपदेश बहुत मूल्यवान है और जरूरी भी। लेकिन गोएथे हमें यह नहीं बताता कि इतिहासकार को जब बीच की एक कड़ी ही न मिले, और जब उसे महत्त्वपूर्ण घटनाओं के बीच परस्पर के संबंध का कोई सीधा प्रमाण ही न मिले, तो इतिहासकार क्या करे? यह इसलिए कह रहा हूं कि 'छुआछूत' के मूल की खोज करने तथा दूसरी ऐसी संबंधित समस्याओं को हल करने के अपने कोशिश में मुझे कई खोई हुई कड़ियों का पता चला है। इस मामले में मैं ही अकेला नहीं हूं। प्राचीन भारतीय इतिहास के सभी विद्यार्थियों को उनका मुकाबला करना पड़ा है। भारतीय- इतिहास की चर्चा करते हुए 'माउन्ट स्टूअर्ट एरिफस्टन ने लिखा है : "एलेक्जेंडर के आगमन से पहले की किसी सार्वजनिक घटना की तारीख बता सकना कठिन है, और इस्लाम की विजय से पहले प्राकृतिक परिवर्तन में किसी प्रकार के कार्य-कारण संबंध को ढूंढने की कोशिश करना भी कठिन है। यह एक खेद-भरी स्वीकृति है, लेकिन इससे हमें कुछ सहायता नहीं मिलती। सवाल है : "इतिहास का विद्यार्थी क्या करे? क्या जब तक उसे खोई कड़ी न मिल जाए, तब तक अपने को रोक दे?" मैं ऐसा नहीं समझता। मेरी मान्यता है कि ऐसी अवस्था में उसे इस बात की छूट है कि वह अपनी कल्पना तथा अन्तःदृष्टि को काम में लाए और उससे घटनाओं की जंजीर के बीच की खोई हुई कड़ियों की कमी को नई अज्ञात कड़ियों से पूरा करने की कोशिश करे। वह किसी एक सिद्धांत का प्रतिपादन करे, जिसे ठीक मानकर आगे बढ़ा जा सके और यह सुझाए कि जिन घटनाओं की मालूम घटनाओं से किसी तरह व्याख्या नहीं होती, उनमें कार्य-कारण का क्या संबंध रहा होगा। मुझे यह स्वीकार करना चाहिए कि काम को रोक देने के बजाए मैंने इस पद्धति का अनुसरण किया है, और इसी तरह उस कठिनाई से पार पाने की कोशिश की है, जो मेरे सामने घटनाओं की खोई हुई कड़ियों के मिलने के कारण उपस्थित हुई।

संभव आलोचक मेरी इस कमी का उपयोग मेरी हिस्ट्री की सारी रिसर्च को ही रद्दी की टोकरी में डाल देने के लिए करें और कहें कि यह ऐतिहासिक खोज के सिद्धांतों के हमेशा विपरीत है। यदि आलोचकों का यही विचार हो, तो मैं उन्हें याद दिलाना चाहता हूं कि यदि कोई ऐसा नियम है जो ऐतिहासिक निष्कर्षों पर शासन करता है और कहता है कि किसी

विचार को केवल इसलिए अस्वीकार कर दो कि उसकी सीधी साक्ष्य नहीं मिलती, तो वह नियम ही खराब नियम है।

(क) कौन सी बात सीधी साक्षी बनाम अनुमान - प्रमाण, तथा (ख) अनुमान प्रमाण बनाम कल्पना के विवाद में न पड़कर आलोचक को जो काम करना चाहिए, वह यही है कि वह देखे कि क्या कोई विचार केवल अटकल पर निर्भर करता है? (ग) क्या वह विचार संभव है, और क्या वह मेरे विचार की अपेक्षा मालूम बातों से अधिक मेल खाता है?

पहली बात के बारे में कह सकता हूं कि केवल इसलिए कि इसमें कहीं-कहीं 'कल्पना' से काम लिया गया है, कोई विचार निराधार नहीं माना जा सकता। मेरे, आलोचकों को याद रखना चाहिए कि हम एक ऐसी संस्था का विचार करने जा रहे हैं, जिसका मूल अतीत के गर्भ में विलीन हो चुका है। 'छुआछूत' की उत्पत्ति की व्याख्या करने की यह कोशिश किन्हीं ऐसे इतिहास ग्रन्थों से संभव नहीं जिनमें सब बात निश्चयात्मक भाषा में दी हुई हों। यह तो जहां ऐतिहासिक आधार अविद्यमान है, इतिहास की पुनर्रचना का सवाल है; क्योंकि जहां वह है भी, वहां भी उससे इस समस्या पर कोई सीधा प्रकाश नहीं पड़ता। ऐसी परिस्थिति में ग्रन्थों में डुबकी लगाकर यह पता लगाने का कोशिश करना ही पड़ेगा कि वे ग्रन्थ क्या-क्या बातें सुझाते हैं और किस-किस बात को छिपाते हैं। बिना इस बात का पूर्ण निश्चय हुए कि जो मिला है, वह सत्य भी है या नहीं, अतीत के अवशेषों का संग्रह करना, उन्हें एक दूसरे के पास- पास रखना और उनसे उनकी उत्पत्ति की कहानी सुनना - यही वह कार्य है। इस कार्य की उपमा उस पुरातत्त्ववेत्ता के कार्य से दी जा सकती है, जो खण्डहरों से शहर का निर्माण करे, या उस प्राणी - शास्त्र वेत्ता कार्य से जो किसी प्राणी की बिखरी पड़ी हड्डियों और उसके दांतों से उस प्राणी की कल्पना करता है, या उस चित्रकार के कार्य से जो किसी दृश्य के निर्माण के लिए क्षितिज की रेखाओं और पहाड़ी पर के छोटे-छोटे पद-चिह्नों का अध्ययन करता है। इस दृष्टि से यह एक इतिहास-किताब से भी अधिक एक कलाकृति है। 'छुआछूत' का मूल उस विचार अतीत के गर्भ में विलीन है, जिसकी किसी को जानकारी नहीं। उसे जीवित करने का कोशिश ऐसा ही है, जैसा इतिहास के लिए किसी ऐसे शहर का पुनरुद्धार करना जो अनन्त काल से लुप्तप्राय है, और जिसको उसके मूल रूप में लाकर खड़ा कर देना है। ऐसा कार्य में 'कल्पना' तथा 'अनुमान' को अपना बड़ा हिस्सा लेना ही होगा। इसके बिना यह कार्य हो नहीं सकता क्योंकि यह स्वीकृत तथ्य है कि 'क्षितिज कल्पना' के बिना कोई वैज्ञानिक खोज सफल नहीं हो सकती, और 'अनुमान ही विज्ञान की आत्मा है। मैक्सिम गोर्की का कथन है:

"विज्ञान और साहित्य में बहुत समानता है। दोनों में ही ध्यान से देखने, तुलना करने और अध्ययन करने का विशेष महत्त्व है; कलाकार को भी वैज्ञानिक की ही कल्पना और अंतर्दृष्टि की अभी तक अज्ञात घटनाओं की जंजीर की खोई हुई कड़ियों की कमी को पूरा करती रही

है। वह वैज्ञानिक को इस बात की आज्ञा देती है कि वह ऐसे अनुमान लगाए और इस प्रकार के विचार का प्रतिपादन करे, जो प्रकृति के रूप और उसकी प्रक्रिया के अध्ययन में लगे हुए लोग के मन को कम या अधिक ठीक करने की कला में, अंतः दृष्टि और अपने मन में चीजें बना सकने की योग्यता की अपेक्षा रहती है। "

इसलिए जहां कड़ियां खोई हुई हैं, वहां उनके पुनर्निर्माण करने का कोशिश करने के लिए मुझे क्षमा- याचना करने की जरूरत नहीं है, और केवल इसी कारण मेरा विचार 'दूषित' भी नहीं माना जा सकता। अधिकांश में मेरी सारी विचारधारा का आधार सच्ची घटनाएं और उनसे जो अनुमान निकाले गए, वे ही हैं। जहां-जहां सच्ची घटनाओं या उनसे प्राप्त अनुमान का आधार नहीं लिया गया, वहां-वहां उसका आधार संभावना की पर्याप्त मात्रा पर आश्रित परिस्थितिजन्य गवाही है। ऐसी एक भी बात नहीं है, जो मैंने अपने कथन के समर्थन में कही हो और जिसके बारे में मैंने अपने पाठकों से आशा की हो कि वे बिना किसी प्रमाण के केवल 'विश्वास' के बल पर स्वीकार कर लें। मैंने कम-से-कम यह दिखा दिया है कि जो कुछ मैंने कहा है, उसके पक्ष नें संभावनाओं की मात्रा बहुत है। यह कहना कि संभावना की बहुत मात्रा किसी फैसला को प्रमाण सहित मानने का पर्याप्त आधार है, केवल बाल की खाल निकालना है।

मेरे अध्ययन में दूसरी बात यह है कि मेरे आलोचक ध्यान दें, मैं ऐसा नहीं हूं कि अपने कथन को 'अन्तिम सत्य' मान बैठूं। मैं किसी से इसे 'अन्तिम शब्द' मानने की प्रार्थना नहीं करता। मैं आलोचकों के व्यक्तिगत विचार व फैसले को प्रभावित नहीं करना चाहता। वे अपने फैसला पर पहुंचने में स्वतंत्र हैं। मैं उनसे जो बात निवेदन करना चाहता हूं वह इतनी ही है कि वे यह विचार कर दें कि क्या मेरा यह विचार ऐसा नहीं है जिसे लेकर आगे बढ़ा जा सके? यदि किसी भी विचारों की प्रामाणिकता इस बात में है कि वह आस-पास की सभी बातों से मेल खाता हो, उनकी व्याख्या कर देता हो, और उन्हें एक अर्थ दे देता हो ऐसा अर्थ जो उस विचार के अभाव में किया ही नहीं जा सकता, तो अवश्य उसे लेकर आगे बढ़ा जा सकता है। लेकिन मैं आलोचकों से एक निष्पक्ष मूल्यांकन के अलावा और कुछ नहीं चाहता।

भीमराव अम्बेडकर

1 हार्डिंग एवेन्यू, नई दिल्ली

1 जनवरी, 1948

— shamat

अनुक्रम

भाग-6

छुआछूत और उसका उत्पत्ति काल

भाग-1 एक तुलनात्मक अध्ययन

1. गैरहिन्दुओं में छुआछूत

"अछूत कौन है और छुआछूत कैसे पैदा हुआ?" यही बात मुख्य सवाल है जिसका उत्तर इस किताब में देने का प्रयास किया गया है।

विषय की गहराई में उतरने से पहले कुछ सवालों का उत्तर देना जरूरी है। पहला सवाल है, क्या संसार में केवल हिन्दू ही हैं जो छुआछूत मानते हैं? यदि गैरहिन्दुओं में भी छुआछूत है, तो हिंदुओं के छुआछूत और अहिंदुओं के छुआछूत में क्या अंतर है? दुर्भाग्य से अभी तक किसी ने ऐसा तुलनात्मक अध्ययन नहीं किया। इसी का परिणाम है कि अनेक लोग यह तो जानते हैं कि हिंदुओं में छुआछूत है, किंतु वे यह नहीं जानते हैं कि इसका अनोखापन क्या है? इसके अनोखेपन और इसकी विशेषताओं को सच्ची रूप से समझ लेने से ही अछूतों की वास्तविक स्थिति समझ में आ सकती है और उसी से छुआछूत की उत्पत्ति भी जानी जा सकती हैं।

पहले हम इस बात की जांच करें कि आरंभिक और प्राचीन समाज में स्थिति क्या थी? क्या वे छुआछूत को स्वीकार करते थे? सबसे पहले हमें यह बात स्पष्ट होनी चाहिए कि वे छुआछूत से क्या समझते थे? इस बारे में सभी का एक ही विचार होगा, सभी इस बात को स्वीकार करेंगे कि छुआछूत का आधार गन्दगी, अपवित्रता तथा 'छूत' लग जाने की कल्पना और उससे मुक्त होने के तरीके तथा साधन हैं।

जब आरंभिक समाज के सामाजिक जीवन की परीक्षा इस उद्देश्य से की जाती है कि हमें पता लगे कि वे लोग उपर्युक्त अर्थ में छुआछूत से परिचित थे या नहीं, तो इसमें संदेह नहीं रहता कि आरंभिक समाज केवल 'अपवित्रता' की कल्पना से परिचित नहीं था, किंतु इस विश्वास के कारण उसके धार्मिक कर्मकांडों, रीति-रिवाजों व अन्य क्रिया-कलापों की एक जीवन पद्धति बन गई थी।

आरंभिक मनुष्य विश्वास करता था कि :

1. कुछ विशेष घटनाओं के घटने से,
2. कुछ विशेष वस्तुओं के स्पर्श से, और
3. कुछ विशेष व्यक्तियों के स्पर्श से अपवित्रता होती है।

आरंभिक मनुष्य का यह भी विश्वास था कि 'अपवित्रता' (evil) एक लोग के दूसरे लोग में भी चली जाती है। उसे वह समझता था कि यह 'अपवित्रता' का एक-दूसरे में चला जाना विशेष अवस्थाओं में, विशेष रूप से होता है, जैसे खाने-पीने आदि के प्राकृतिक कृत्यों के समय। जीवन की जिन घटनाओं को आरंभिक मनुष्य 'अपवित्रता' का कारण मानता था, उनमें निम्न मुख्य थी-

1. जन्म, 2. दीक्षा, 3. बालिग होना, 4. विवाह, 5. संभोग, 6. मृत्यु

जिन माताओं को संतान होने वाली होती है वे 'अपवित्र' और दूसरे में अपवित्रता फैलाने वाली मानी जाती थीं। माताओं की 'अपवित्रता' बच्चों तक भी फैलती थी।

संस्कार और बालिग हो जाना जीवन की वे अवस्थाएं हैं जो स्त्री-पुरुष के संपूर्ण ऐन्द्रिय तथा सामाजिक जीवन में प्रवेश की द्योतक है। उन्हें एकांत में रहना होता था, विशेष भोजन करना होता था, बार-बार स्नान करना होता था, शरीर पर उबटन आदि लगाना और अंग-छेद भी करना होता था, जैसे खतना। अमरीका की जातियों में जिन लोगों का संस्कार होता था, वे न केवल विशेष भोजन करते थे लेकिन समय-समय पर ऐसी औषधि भी लेते थे जिससे उन्हें उल्टी हो जाए।

विवाह के साथ जो रीति-रिवाज होते थे, उनसे ऐसा मालूम होता है कि प्रारंभिक मनुष्य विवाह को पवित्र समझता था। कभी-कभी विवाहिता को अपनी जाति के लोगों के साथ संभोग सहन करना पड़ता था जैसा कि आस्ट्रेलिया में; या जाति के मुखिया या वैद्य के साथ जैसाकि अमेरिका में; या पति के मित्रों द्वारा जैसा कि पूर्व-अफ्रीका की जातियों में; कभी-कभी पति तलवार से पत्नी को एक खरोच लगाता तो कभी-कभी पति से शादी होने से पहले पत्नी को वृक्ष से शादी करना पड़ती थी, जैसे मुण्डा जाति में। ये जितने भी रीति- रस्म थे, उनका उद्देश्य इतना ही था कि वह विवाह को 'अपवित्रता' से बचाए रखें।

प्रारंभिक मनुष्य के लिए 'मृत्यु' सबसे अधिक 'अपवित्रता' का कारण न केवल मृतदेह लेकिन मृत व्यक्ति की वस्तुओं को लेना भी 'अपवित्र' होता था औजारों और शास्त्रों को मृत व्यक्ति की देह के साथ अधिक संख्या में कब्र में देने की प्रथा का भी यही अर्थ था, क्योंकि लोग उन वस्तुओं के उपयोग को खतरनाक तथा दुर्भाग्यपूर्ण समझते थे।

वस्तुओं के छूने से जो अपवित्रता पैदा होती थी, उसकी चर्चा करें, तो प्रारंभिक मनुष्य ने यह सीख लिया था कि कुछ वस्तुएं पवित्र हैं, और कुछ अन्य 'अपवित्र'। यदि कोई व्यक्ति किसी पवित्र वस्तु को छू देता तो यही माना जाता था कि उसने उसे 'अपवित्र' कर दिया। पवित्र और सामान्य लौकिक वस्तुओं के एक-दूसरे से अलग होने का एक बहुत जीवंत उदाहरण 'टोडा' लोग है, जिनके व्यापक रीति-रिवाजों तथा सामाजिक संस्थानों का सारा आधार वे कोशिश ही हैं जो वे अपने पवित्र ढोरों को, पवित्र पशुओं फार्मों को, पवित्र बर्तनों को, पवित्र दूध को

और उन लोगों को जिनका काम कर्मकाण्ड करना है, पवित्र बनाए रखने के लिए करते हैं। डेरी फार्मों में जो पवित्र बर्तन रहते हैं, वे हमेशा अलग कमरे में रखे जाते हैं और उन बर्तनों में दूध तभी पहुंच सकता है जब पहले वह दूसरे में रखे हुए बीच के एक दूसरे बर्तन में डाले उन बर्तनों मे से दूध निकाला भी नहीं जा सकता। ग्वाला जो पुरोहित भी होता है, एक लम्बे संस्कार के बाद ही अपना काम आरम्भ कर सकता है। इस प्रकार वह सामान्य लोग के दर्जे से ऊंचा उठा दिया जाता है और वह उस 'पवित्र कृत्य को करने के योग्य हो जाता है। उसको गांव में विशेष अवसरों पर ही सोने की आज्ञा होती है और ऐसे ही दूसरे नियमों से उसकी दिनचर्या रहती है। यदि वह 'पवित्र ग्वाला किसी की मिट्टी के साथ चला जाए तो वह अपने पवित्र कृत्य करने के अयोग्य हो जाता है। इस सबसे यही अनुमान लगाया गया है कि इनमें से अधिकांश रीति-रिवाजों का एक ही उद्देश्य है कि सांसारिक खतरों से रक्षा हो और पवित्र वस्तु को उन लोगों के उपभोग के योग्य बनाएं जो खुद पवित्र हैं।

इस 'पवित्रता' की भावना का संबंध केवल वस्तुओं से ही नहीं था। लोगों के कुछ ऐसे विशेष वर्ग भी थे जो पवित्र समझे जाते थे। कोई व्यक्ति यदि उन्हें छू देता तो यह उनका 'अपवित्रता' का कारण होता। पोलीनेशियन लोगों में अपने से एक हीन व्यक्ति के स्पर्श से मुखिया की पवित्रता नष्ट हो जाती थी; हालाकि ऐसा होना हीन व्यक्ति के लिए ही हानिकर था। दूसरी और 'इफाते' में जो पवित्र लोग संस्कार-संबंधी अपवित्रता से संबंध रखता था, उसकी पवित्रता नष्ट हो जाती थी। 'उगांडा' में एक मन्दिर के निर्माण से पहले लोगों को चार दिन केवल इसलिए दिए गये थे कि वे अपने-आपको पवित्र (purify) बना लें। दूसरी और मुखिया और उसकी चीजें इतनी अधिक पवित्र मानी जाती रही हैं कि यदि कोई निचले दर्जे का लोग उनको उपयोग में लाए, तो यह उसके लिए अच्छा नहीं होता। 'टोंगा' द्वीप में जो लोग किसी मुखिया का स्पर्श करे, वह निषेद्य हो जाएगा। यह दोष पवित्र मुखिया के पैर तले को स्पर्श करने से दूर होगा। 'मलाया' प्रायद्वीप के मुखिया की 'पवित्रता' राजकीय चिन्ह में विराजती थी और यदि कोई उसको छू भी ले तो वह गंभीर बीमारी या मृत्यु को निमंत्रण देता था।

विदेशी लोगों से मिलने से भी आरंभिक मनुष्य 'अछूत' बन जाते थे। दक्षिण अफ्रीका की एक जाति व थीबा के लोगों का विश्वास है कि जो लोग अपने देश से बाहर जाते हैं, उन पर बाहरी भूतात्माओं का प्रभाव हो सकता है। विदेशी वर्जित थे क्योंकि विदेशी देवताओं की पूजा करने से उनके बुरे प्रभाव पड़ते थे। इसलिए उन्हें या तो 'धूनी' दी जाती थी या किसी दूसरे तरीके से पवित्र बनाया जाता था। 'डीयरी' और उनके पड़ोस की जातियों में स्वजातीय व्यक्ति भी जब बाहर से लौटता, तो उसके साथ एक विदेशी जैसा व्यवहार होता था, और तब तक वह बैठ न जाय तब तक उसकी ओर कोई ध्यान नहीं दिया जाता था।

अनजान देश से आने वालों के लिए जितना खतरा था, अनजान देश में जाना भी उतना

ही खतरनाक था। आस्ट्रेलिया में जब एक जाति की दूसरी जाति से मिलनी होती, तो वे वायुशुद्धि के लिए जलती हुई मशालें आगे लेकर चलते थे, ठीक वैसे ही स्पार्टा देश के नरेश जब युद्ध के लिए जाते तो उनके आगे वेदी की पवित्र आग चलती थी।

इसी प्रकार जो बाहर से किसी घर में प्रवेश करते थे, उन्हें चाहे पांव के जूते उतारना ही सही, कोई-न-कोई रीति निभानी पड़ती थी, अन्यथा इस बात का पूरा डर था कि वे घर के लोगों को बाहर की छूत लगाकर 'अपवित्र' कर देंगे। जब भी घर का कोई लोग किसी को छू देने से 'अपवित्र' बना देने की स्थिति में हो, तो देहरी तथा चौखट पर खून लगा दिया जाता या पानी छिड़क दिया जाता था। कभी- कभी घर के दरवाजे पर घोड़े की एक नाल लटका दी जाती थी, ताकि बुरे प्रभावों से रक्षा हो और घर में सौभाग्य आए।

जन्म, मृत्यु तथा विवाह के साथ जितने भी रीति-रिवाज होते थे, उन सबका एकमात्र यही मतलब नहीं था कि ये जन्मादि पवित्रता के स्रोत ही हैं; लकिन जब और जहां-जहां भी एकांतवास होता है, उससे इतना तो ग्रहण करना ही होता है कि वह और बातों के साथ 'अपवित्रता का भी द्योतक है। जन्म, दीक्षा, विवाह तथा मृत्यु होना पृथक्करण (segregation) होता है और जो 'अपवित्र' है या जो 'बाह्य' है, उसके साथ किसी प्रकार का व्यवहार होने पर भी पृथक्करण (isolation) होता है।

बालक का जन्म होने पर माता को अलग कर दिया जाता है। बालिग होने और दीक्षित होने पर भी उसे कुछ समय अलग रहना पड़ता है। विवाह में मंगनी से लेकर विवाह-संस्कार हो जाने तक पति-पत्नी एक दूसरे से दूर रहते हैं।

स्त्री जब मासिक-धर्म में होती है, तो अलग रहना पड़ता है। मृत्यु होने पर अलगीकरण विशेष रूप से होता है। मृत व्यक्ति की देह ही नहीं, उसके संबंधियों तक को शेष सब लोगों से दूर रहना पड़ता है। यह अलगीकरण उनके बढ़े हुए बालों, नाखूनों और पुराने कपड़ों के पहनने से स्पष्ट होता है। इसका अर्थ हुआ कि समाज के नाई, धोबी आदि ने उनका बहिष्कार कर रखा है। पृथक्करण का समय और उसकी कड़ाई समान नहीं होती, लेकिन पृथक्करण तो होता ही है। यदि पवित्र को किसी सामान्य लौकिक व्यक्ति ने अपवित्र कर दिया हो, या स्वजाति से ही अपवित्रता हो, या स्वजाति से बाहर के किसी संबंध के कारण अपवित्रता उत्पन्न हुई हो, तो पृथक्करण होता ही है। सामान्य लौकिक व्यक्ति को पवित्र लोग से दूर रहना ही चाहिए। अपने संबंधी को असंबंधी से दूर रहना चाहिए। इससे यह स्पष्ट है कि आरंभिक समाज में अपवित्रता के कारण को अलग किया जाता था।

अपवित्रता की कल्पना के साथ आरंभिक समाज ने पवित्र बना सकने वाले रीति-रिवाजों की भी कल्पना कर ली थी, जो अपवित्रता को दूर भगा सकते थे। अपवित्रता को दूर करने के साधन 'पानी' और 'रक्त हैं। जो लोग अपवित्र हो गया हो, यदि पानी और रक्त छिड़क ले, तो वह

पवित्र हो जाता है। पवित्र बनाने वाले रीति-रिवाजों में वस्त्रों का बदलना, बालों तथा नाखूनों आदि का काटना, पसीना निकालना, आग तापना, धूनी देना, सुगन्धित पदार्थों को जलाना और किसी शाखा से झाड़-फूंक करना शामिल हैं।

ये अपवित्रता को दूर भगाने के साधन थे। लेकिन आरंभिक समाज अपवित्रता से बचने का एक और उपाय भी जानता था। वह था, एक की अपवित्रता दूसरे पर लाद देना। यह किसी दूसरे ऐसे व्यक्ति पर जो पहले से ही वर्जित या बहिष्कृत होता था, लाद दी जाती थी।

न्यूजीलैंड में यदि एक लोग दूसरे के सिर को स्पर्श कर देता था, तो सिर शरीर का पवित्र भाग होने के कारण वह लोग 'वर्जित हो जाता था। तब उसे अपने हाथों को एक प्रकार की जड़ - विशेष से रगड़कर अपने को पवित्र बनाना होता था। वह जड़ मातृ पक्ष में जो परिवार का मुखिया होता, उसका भोजन बनाती थी। 'टोंगा' में यदि कोई लोग 'वर्जित' भोजन ग्रहण कर लेता, तो उसके 'बुरे प्रभाव से बच निकलने का यही उपाय था कि वह अपने पेट पर परिवार के मुखिया का पैर रखवाए।

एक की पवित्रता दूसरे में चली जाने की कल्पना 'बलि के बछड़े' की रीति से प्रकट होती है। 'फिजी में यदि कोई वर्जित लोग एक सूअर पर अपने हाथ फेर देता, तो वह मुखिया के लिए पवित्र हो जाता। 'उगांडा' में जब राजा के लिए शोक मनाने का समय समाप्त होता, तो एक 'बलि के बछड़े' के साथ एक गऊ, एक बकरी, एक कुत्ता, एक मुर्गी और राजा के घर की कुछ मिट्टी और आग 'नगर' की सीमा पर पहुंचा दी जाती थी। वहां उन पशुओं को लूला-लंगडा बनाकर मरने के लिए छोड़ दिया जाता। इस रीति से राजा और रानी की सारी अपवित्रता दूर हो जाने का विश्वास था।

यह सब वे बातें हैं जो आरंभिक समाज में अपवित्रता - संबंधी कल्पना का अस्तित्व सिद्ध करती हैं। यदि हम आरंभिक समाज के बाद प्राचीन समाज का विचार करें, तो प्राचीन समाज की अपवित्रता की कल्पना आरंभिक समाज के अपवित्रता की कल्पना से विशेष अलग नहीं थी। अपवित्रता के स्रोत या कारणों में भेद है। पवित्र बनाने वाले रीति रिवाज भी अलग हो सकते हैं। किंतु इन भेदों के अलावा आरंभिक समाज और प्राचीन समाज में अपवित्रता तथा पवित्रता का जो रूप है वह एक जैसा है।

मिस्र देश की अपवित्रता - पद्धति की यदि आरंभिक समाज की अपवित्रता - पद्धति से तुलना की जाए, तो दोनों में केवल इतना ही अन्तर है कि मिस्र देश में यह अधिक व्यापक हो गई।

यूनानियों में रक्त-प्रवाह, भूतों का प्रभाव, मृत्यु, संभोग, बालक का जन्म, शौच, निषिद्ध भोजनों का खाना, जैसे शोरबा- विशेष, मक्खन और लहसुन अनधिकृत लोगों का पवित्र स्थानों में चले आना और विशेष अवस्थाओं में गाली देना तथा झगड़ा करना भी अपवित्रता

के कारण माने जाते थे, और पवित्रता के साधन, जिन्हें सामूहिक रूप से यूनानी 'कोपोइया' कहते थे। अभिमन्त्रित जल, गन्धक, प्याज, धूप देना, आग, कुछ पेड़ों की शाखाएं, दूसरी वनस्पति, अलकतरा, ऊन, कुछ पत्थर और ताबीज, सूर्य की ताप, स्वर्ण सदृश चमकदार वस्तुएं, बलि के पशु, विशेष रूप से सुअर और उनमें भी उनका रक्त मांस, कुछ उत्सव और उन अवसरों पर किए जाने वाले रीति-रिवाज, विशेष रूप से शाप देना तथा 'बलि का बछड़ा' थे। पवित्रता का एक असाधारण तरीका अपवित्र के सिर के बाल काटना और देवता से उनका संबंध स्थापित करना भी था।

रोम-वासियों की अपवित्रता और पवित्रता की कल्पना की विशेषता रही है, प्रादेशिक (periodical) और जातिगत अपिवत्रता तथा पवित्रता की कल्पना। जिस प्रकार घर की पवित्रता होती थी, उसी प्रकार का एक संस्कार सारे प्रदेश को पवित्र बनाने वाला भी था। प्रादेशिक पवित्रता संस्कार सारी सीमा की प्रदक्षिणा करने और बलि देने से भरा होता था। प्राचीन समय में शहर के दीवारों के चारों ओर एक इसी प्रकार की प्रदक्षिणा होती थी। ऐतिहासिक युग में नगर के विशेष पवित्रीकरण का आयोजन किसी भी महान विपत्ति के बाद किया जाता था, जैसे- द्वितीय प्युनिक युद्ध से हुए महान विनाश के बाद। इन सारे पछतावों का मुख्य उद्देश्य देवताओं की अनुकूलता प्राप्त कर लेना मात्र था। किसी भी उपनिवेश के आरंभ के समय शुद्धि-संस्कार होता था। सीमाओं और बाजारों की रक्षा भी अपने मूल रूप में उनका 'पवित्रीकरण' ही रहा होगा। अभी पिछले समय तक पादरियों का एक वर्ग-विशेष प्राचीन रोम की सीमाओं - पेलेरिनेट की बस्ती की प्रदक्षिणा करता था। उससे पहले वहां आरंभिक नगर की प्राचीनतम सीमाओं की वार्षिक प्रदक्षिणा होती थी। इसमें 'अरबल' नामक पादरी नेतृत्व करते थे। यह प्रदक्षिणा 'अम्बरबलिया' कहलाती थी, की जाती थी। जब रोम राज्य की सीमा में वृद्धि हुई, तो ऐसा नहीं लगता था कि उसी अनुपात में 'पवित्रीकरण' के संस्कार में भी वृद्धि की गई हो। ये प्रदक्षिणाएं अन्यत्र इटली के बाहर और भीतर तथा यूनान में भी थी। मन्त्रों वाली प्रार्थनाओं के विशुद्ध उच्चारण में जादू जैसा प्रभाव रहा मालूम होता है। इनके उच्चारण में यदि कोई अशुद्धि रह गई तो उसका पछतावा करना होता था। जैसे, प्राचीन रोम की न्याय-पद्धति में यदि धातु-रूप के उच्चारण में कोई अशुद्धि रह जाती, तो वादी अपना आरोप तथा मुकद्दमा ही हार जाता।

अनोखे प्राचीन रीति-रिवाजों के कुछ दूसरे रूप भी देवताओं को प्रसन्न करने की कल्पना के ही साथ आबद्ध थे। साली नामक प्राचीन पादरी विशेष अवसरों पर नगर के अलग-अलग स्थानों की परिक्रमा करते थे। वे अपने हथियारों तथा बाजे-गाजे को भी पवित्र करते थे जिससे आरंभिक लोगों की इस कल्पना का समर्थन होता है कि सेना के शस्त्रों के सफल प्रयोग के लिए उनका पवित्र होना जरूरी है। सरकारी गणना जिसका अवसान पवित्रीकरण के साथ

होता था, वह भी वास्तव में एक सैनिक प्रक्रिया ही थी, क्योंकि यह उस केन्द्रीय समिति से संबंधित थी जो सामान्य वस्त्रधारी सेना ही है। यह सैनिक पवित्रीकरण सेना में भी कभी-कभी व्याप्त हो जाने वाले मिथ्या भय को दूर करने के लिए उसी समय होता था जब सेना युद्ध-क्षेत्र में पहुंचती थी। अन्य अवसरों पर यह केवल रोगादि से बचाव के लिए होता था। नौसेनाओं का भी पवित्रीकरण होता था।

सभी आरंभिक लोगों की तरह हिब्रू भी अपवित्रता की कल्पना को मानते थे। उनकी अपवित्रता की कल्पना की विशेषता उनका यह विश्वास था कि अपवित्रता गन्दे पशुओं के कंकाल के स्पर्श या मृत मांस खाने से पैदा होती है, या रेंगने वाले पशुओं और हमेशा गन्दे रहने वाले पशुओं के स्पर्श से। ये सब पशु जिनके खुर चिरे हैं, जो एक साथ जुड़े नहीं हैं, न जुगाली करते हैं, जो अपने पंजों के बल पर चलते हैं, और चार पैरों पर चलने वाले सभी प्रकार के पशुओं से अपवित्रता पैदा होती है। किसी गन्दे लोग से स्पर्श होना भी हिब्रू लोगों के लिए अपवित्रता थी। हिब्रू लोगों की अपवित्रता की दो और विशेषताएं भी कही जा सकती हैं। वे मानते थे कि मूर्ति-पूजा भी अपवित्रता का कारण हो सकती और लोगों की लैंगिक अशुद्धता से प्रदेश का प्रदेश अपवित्र हो जाता है।

इस विस्तृत ब्योरे के बाद हम सार -रूप में यह कह सकते हैं कि आरंभिक समाज या प्राचीन समाज के लोगों में कोई ऐसा नहीं हुआ, जो अपवित्रता की कल्पना को न मानता रहा हो।

❐

2. हिन्दुओं में छुआछूत

जहां तक अपवित्रता की बात है, हिंदुओं में और आरंभिक या प्राचीन समाज के लोगों में कोई फर्क नहीं हैं। हिन्दुओं को अपवित्रता की कल्पना मान्य थी, यह मनुस्मृति से सुस्पष्ट है। मनु ने शारीरिक अपवित्रता और मानसिक अपवित्रता, दोनों को स्वीकार किया है। मनु ने जन्म, मृत्यु तथा मासिक धर्मों को अपवित्रता का जनक स्वीकार किया है। मृत्यु से उत्पन्न होने वाली अपवित्रता की मार बहुत दूर तक थी। यह रक्त-संबंध का अनुसरण करती थी। मृत्यु से मृत व्यक्ति के परिवार के सभी लोग जिन्हें सपिण्डक तथा समानोदक कहते थे अपवित्र होते थे। इसमें न केवल मातृपक्ष के संबंधी शामिल थे, जैसे - मामा आदि, बल्कि दूर के संबंधी भी शामिल थे। यह असंबंधियों तक को स्पर्श करती थी, जैसे- (1) आचार्य (2) आचार्य - पुत्र (3) आचार्य - भार्या, (4) शिष्य, (5) सहपाठी, (6) श्रोत्रिय, (7) राजा, (8) मित्र, (9) परिवार के लोग, (10) मृत देह को ले जाने वाले, तथा (11) मृतदेह को स्पर्श करने वाले।

जो कोई अपवित्रता की मार में आता था, वह उससे बच नहीं सकता था। केवल कुछ ही लोग उसके अपवाद थे। निम्नलिखित श्लोकों में मनु ने उन अपवादों का नाम लिया है, और उनका कारण भी बताया है। (अर्थ-मंत्र पढ़े।)

"राजा और वे लोग जो किसी व्रत के पालन में लगे हों या कोई यज्ञ कर रहे हों, अपवित्रता से मुक्त रहते हैं, क्योंकि राजा तो इन्द्र के आसन पर बैठा है और शेष दोनों ब्राह्मण के समान हमेशा पवित्र हैं।" (5, 93)।

“विशाल सिंहासन पर बैठे नरेश के लिए तुरन्त पवित्रता की व्यवस्था है; और उसका कारण यह है कि वह अपनी प्रजा की रक्षा के लिए सिंहासनासीन है।" (5,94)

"जो किसी युद्ध या संग्राम में काम आए हैं, या बिजली के गिरने व राजा द्वारा मारे गए हैं, या गौ या ब्राह्मण की रक्षा में मरे हैं, उनके संबंधियों और उनको अपवित्रता के बावजूद राजा पवित्र देखना चाहता है।" (5, 95)

"राजा संसार के आठ संरक्षक देवताओं-चन्द्र, अग्नि, सूर्य, वायु, इन्द्र, कुबेर, वरुण, तथा यम का अवतार होने से पवित्र हैं।" (5,96)

"क्योंकि राजा संसार के उन संरक्षक देवताओं से ओत-प्रोत है, इसलिए उस पर किसी

प्रकार की अपवित्रता लागू नहीं होती, क्योंकि संसार के ये स्वामी ही पवित्रता तथा अपवित्रता के कारण होते हैं।" (5, 97)

इससे यह स्पष्ट है कि राजा और 'धर्म- युद्ध में मृत हुए लोगों के संबंधी तथा वे लोग जिन्हें राजा अपवित्रता का अपवाद बनाए रखना चाहता था, अपवित्रता के सामान्य नियमों के अधीन नहीं थे। मनु का यह कथन कि "ब्राह्मण हमेशा पवित्र होता है।" उसके सामान्य अर्थों में ही ग्रहण किया जाना चाहिए अर्थात् ब्राह्मण को सर्वोपरि बनाकर रखना। इसका यह अर्थ नहीं लेना चाहिए कि ब्राह्मण अपवित्रता से मुक्त था। क्योंकि वह ऐसा नहीं था। जन्म और मृत्यु के अलावा ब्राह्मण पर तो अपवित्रता के और भी अनेक कारण लागू थे, जो गैरब्राह्मणों पर लागू नहीं थे। मनुस्मृति ऐसे निषेधों से भरी पड़ी है जो केवल ब्राह्मणों पर ही लागू होते हैं और जिनका उसे पालन करना ही चाहिए। यदि वह उनका पालन न करे तो वह अपवित्र होता ही है।

मनु की यह जो अपवित्रता (defilement) की कल्पना है, वह वास्तविक है, काल्पनिक नहीं। क्योंकि वह 'अपवित्र' लोग द्वारा दिये गए भोजन को अग्राह्य ठहराता है।

पवित्रता का उद्देश्य मनु ने इस विषय में तीन तरह से लिया है- (1) शारीरिक अपवित्रता, (2) मानसिक (psychological) अपवित्रता, (3) नैतिक (ethical) अपवित्रता। नैतिक अपवित्रता मन में बुरे संकल्पों को स्थान देने से पैदा होती है। उसकी शुद्धि के नियम तो केवल उपदेश या आदेश ही हैं। किंतु मानसिक तथा शारीरिक अपवित्रता दूर करने के जो 'संस्कार' हैं, वे एक ही हैं। उनमें पानी, मिट्टी, गो-मूत्र, कुशा और भस्म का उपयोग होता है। मिट्टी, गो-मूत्र, कुशा और भस्म का उपयोग निर्जीव वस्तुओं के सम्पर्क में आने से उत्पन्न होने वाली शारीरिक अपवित्रता को दूर करने में होता है। मानसिक अपवित्रता को दूर करने में पानी सबसे अधिक उपयोगी है। उसका उपयोग तीन तरह से होता है- आचमन, स्नान तथा छिड़कना। आगे चलकर मानसिक अपवित्रता दूर करने में 'पंचगव्य' का सबसे महत्त्वपूर्ण स्थान हो गया। गौ की पांच चीजें दूध, गोमूत्र, गोबर, दही और घी से इसका निर्माण होता है। मनु ने यह व्यवस्था भी की है कि अपनी अपवित्रता किसी दूसरे पर लादकर उससे छुट्टी मिल जैसे - किसी गौ के स्पर्श द्वारा तथा आचमन जल चढ़ाकर करके सूर्य की ओर देख लेने से। व्यक्तिगत अपवित्रता के साथ-साथ हिन्दुओं का प्रदेशगत (teritorial) और जातिगत (commu- nal) अपवित्रता में भी विश्वास रहा है, ठीक वैसा ही जैसा प्राचीन रोमवासियों का। हर गांव की एक वार्षिक यात्रा होती है। गांव की ओर से एक पशु, प्रायः भैंसा, खरीदा जाता है। गांव की परिक्रमा के बाद पशु की बलि दी जाती है। गांव के चारों ओर उसका रक्त छिड़क दिया जाता है। हर हिन्दू, हर ब्राह्मण, चाहे वह गोमांस भक्षी न हो, अपने हिस्से का मांस अवश्य लेता है। यह किसी स्मृति में नहीं लिखा है, लेकिन इसे रिवाज की अनुमति प्राप्त है। हिन्दुओं में 'रिवाज' कानून को भी दबा देता है।

यदि यहीं तक होता, तो यह आसानी से कहा जा सकता था कि हिन्दुओं में जो अपवित्रता की कल्पना है, वह आरंभिक तथा प्राचीन समाज में विद्यमान अपवित्रता की कल्पना से किसी तरह से अलग नहीं है। लेकिन यहां रुका नहीं जा सकता, क्योंकि हिंदू एक और तरह से ऐसे छुआछूत को मानते हैं जिसका अभी तक जिक्र नहीं किया गया। यह कुछ जातियों का वंशानुगत छुआछूत है। इन जातियों की संख्या इतनी अधिक है कि बिना किसी विशेष सहायता के एक सामान्य व्यक्ति के लिए इनकी एक पूरी सूची बना लेना आसान नहीं है। सौभाग्य से, 1935 में, भारत सरकार ने इस प्रकार की एक सूची तैयार की थी। वह सन् 1935 के ही 'गर्वनमेंट ऑफ इण्डिया एक्ट' के अधीन निकाले गए 'ऑर्डर इन कौंसिल' (आज्ञा-पत्र) के साथ ही है। यह लंबी सूची 9 भागों में विभक्त है। एक भाग का संबंध एक प्रांत से है, उसमें उस प्रांत की जातों, नस्लों, जातियों या समूहों की, जो सारे प्रांत या उसके एक हिस्से में 'अछूत' माने जाते हैं गिनती की गई है, यह सूची विस्तृत और प्रमाणित कही जा सकती है। इस बात को स्पष्ट करने के लिए कि हिन्दू लोग जातियों की कितनी बड़ी संख्या को वंशानुगत 'अछूत' मानते हैं, मैं 'ऑर्डर इन कौंसिल' की वह सूची यहां दे रहा हूं।

1. भाग-मद्रास

(1) सारे प्रांत में विद्यमान अनुसूचित जातियों की सूची

आदि आंध्र	चचटि	हड्डी	आदि द्रविड़	चक्किलियन	हसल
आदि कर्नाटक	चलवाडि	होलेया	अजिल	चमार	जग्गली
अरुन्धतीय	चण्डाल	जाम्बुवुलु	बैरा	चेरुमन	कल्लाडी
कनक्कन	बंडी	देवेन्द्र	कुलतन	कोडालो	बरिकी
कूसा	बकुड़	डण्डासि	घासी	माला	मोगर
बत्तड़	गोडगलि	कोडग	बौरि	गोडारि	कुडुम्बन
बेल्लार	गोड्डा	कुरवन	व्यागरि	गोसंगी	मदारि
मादिगा	पण्डा	रनेयर	मइला	पाकि	रेल्लि
पल्लन्	समगर	मालादासु	पम्बड़	संबन	मातंगी
पमिड़ि	सपरि	पंचम	सेग्मन	मुच्ची	पनियन
तोटि	मण्डल	पनियान्नडि	तिरुवल्लुवर	नलकेव	परयन्
वल्लुवन्	नयाडि	परवन्	वाल्मीकि	पगदाई	पुलयन
बुत्तुवन	पैड़ी	पुतिरयवन्नन्			

(2) प्रांत की विधान सभा में पिछड़े हुए क्षेत्रों तथा पिछड़ी हुई जातियों के एक प्रतिनिधि के चुनाव के लिए सभी प्रांतों में परिगणित जातियों की सूची। 1935 में गर्वनमेंट ऑफ इण्डिया एक्ट के अनुसार यदि कोई विशेष चुनाव-क्षेत्र हों, तो वह इस नियम का अपवाद होगा :

अरनादन्	कट्टू नायकन्	कुरुकन्	डोम्बो	कुडिया	मालासर
कदन	कुडुवि	मविलन्	करिम्पालन्	कुरिच्छन्	पानो

2. भाग - बम्बई

(1) सारे प्रान्त में अनुसूचित जातियां

आसोदि	ढोर	माघवाल-मेघवार	बकड़
गरोड़े	मिनी-मादिग	भाम्बि	हल्लीर
हलसर या हलसर	मुकरि	भंगी	नदिया
चक्रबड़ या दासर	हुलसवर	शेनवा या शिन्धवा	चलवाडि
होलाया	शिंघदाव या शिंगदया	चम्भार या मोची	खालपा
सोची समगर	कोलचा या कोलघा	तिमाली	चेन दासारू
कोली-ढोर	तूरि	चूहड़ या चूहड़ा	लिंगाडेर
वणकर	दकलेरु	मादिग या मांग	बिठोलिया
ढेड़	महार	धेत्रु-मेगु	माङ्ग गारुड़ि

(2) मोची-अहमदाबाद, खेड़ा, भरुच, पंचमहाल और सूरत के जिलों को छोड़कर शेष सारे प्रांत में।

(3) कोटगर- कनाड़ा जिले में। आगरिया बागिड़ वेलदार बरुवा भाटिया भुइं मालि भूइंया भूमिज

3. भाग - बंगाल

प्रान्तभर में अनुसूचित जातियां

आगरिया	बहेलिया	बावरी	बागड़ि
बैती	बाड़िया	वेलदार	कादर
मल्लाह	बरुवा	काला पहाड़िया	माछ
भाटिया	कान	मेहतर	भुइं मालि
कान्ध	मुआहि	भूइंया	कन्दरा
मिण्डा	भूमिज	कावरा	मुसावर
बिन्द	कपूरिया	नागासया	बिझिया
करैगा	नामशूद्र	चमार	कासथा
नट	धेनुवार	काउर	नूनिया
धोबा	खैरा	आरावं	दोआइ
खटीक	पालिया	डोम	कोश
पान	दुसाध	कोनाई	पासी
पासी	गारो	कोनावार	पटनी
घासी	कोर	पोद	गोहरी
कोतल	राभा	हाडी	लालबेगी

राजवंशी	हजंग	लोधा	रजवार
हलालखोर	लहोर	सन्ताल	हाड़ी
माहलि	सुनरी	हो	माल
तियार	जालिया कैवर्त	महर	तूरि
झालोमालो या मालो			

4. भाग - संयुक्त प्रांत

प्रांत भर में अनुसूचित जातियां

अगरिया	अहेरिया बजनिया	बड़ी	बधिक
बहेलिया	बजनिया	बाजगी	चमार
चेरो	दबगर	धांगड़	धानुक
धरकार	धोबी	डोम	डोमार
घरामी	बलहार	बाल्मीकि	बनमानुस
बंसफोड़	बरवार	बसोर	बावरिया
कापड़िया	करवाल	खारोट	खरवार
खटिक	कोल	कोरवा	लालबेगी
मझवार	नट	बेलदार	बंगाली
बेड़िया	भान्तु	भुडया	भुइंयार
वोरिया	तुरैहया	हाड़ी	हेला
खैरहा	कलाबाज	कंजर	शिल्पकार
पटारि	राउत	सहरिया	घासिया
पंखा	सन्हौड़िया	उवाल	पराहिया
सांसिया	हाबुड़ा	पासी	थारू

आगरा, मेरठ और रोहेलखंड कमिश्नरियों को छोड़कर शेष सारे प्रांत में कोरी।

5. भाग - पंजाब

प्रांत भर में अनुसूचित जातियां

आदि धर्मी	मरिजा	खटीक	बावरिया
बंगाली	कोरी	चमार	बरर
नट	चूहड़ा या बाल्मिकि	बाजीगर	पासी
बागी और कोलि	भांजरा	डमना	चनल
संपेला	ओड	धानक	सिरकीबंद
सांसी	गगड़	मेघ	सराढे
गंधील	रामदासी		

6. भाग - बिहार

(1) प्रांत भर में अनुसूचित जातियां

चमार	धोबी	डोम	चौपाल
दुसाध	हलालखोर	हाड़ी	लालबेगी
नट	कंजर	मोची	पासी
कुरारियर	मुसहर		

(2) पटना तथा तिरहुत आयुक्ती में और भागलपुर, मुंगेर, पालामऊ तथा पूर्णिया जिले में

बाऊरी	भूमिज	रजवार	भोगता
घासी	तुरि	भुइंया	पान

(3) मानभूमि जिले की धनबाद तहसील, मध्य मानभूमि के सामान्य ग्रामीण चुनाव - क्षेत्र तथा परुलिया और रघुनाथ म्युनिसिपैलिटी में

बाउरी	घासी	रजवार	भोगता
पान	तुरि व भुइंया		

7. भाग- मध्य प्रान्त और बरार

(1) प्रान्त भर में अनुसूचित जातियां बसोर या बरुड़

बसोर या बरूड़	डोम	मेहतर या भंगी	चमार
गाण्डा	मोची	मांग	सनातनी

(2) स्थान - विशेष में अनुसूचित जातियां

ओधेलिया	बिलासपुर जिले में।
बहना	अमरावती जिले में।
बलाही या बलाई	बरार कमिशनरी में, और बालाघाट, भण्डारा, बैतूल, चान्दा, छिन्दवाड़ा, होशंगाबाद, जबलपुर, मण्डला, नागपुर, निमाड, सागर तथा वर्धा जिलों में।
बेहार	अकोला, अमरावती और बुलढाना जिलो में
चदर	भण्डारा और सागर जिलों में।
चौहान	दुर्ग जिले में।
देहयात	सागर जिले की दमोह - तहसील में।
देवाड़	बिलासपुर, दुर्ग और रायपुर जिले में।
धानुक	दमोह तहसील को छोड़कर शेष सागर जिले में।
ढोमर	भण्डारा जिले में।
धोबी	भण्डारा, बिलासपुर, रायपुर और सागर जिले में तथा होशंगाबाद जिले की सिवनी मालवा तहसीलों में।
दोहर	बरार आयुक्त और बालाघाट, भण्डारा, चान्दा, नागपुर तथा वर्धा जिलों में।

घासिया बरार	कमिशनरी और बालाघाट, भण्डारा, बिलासपुर, चान्दा, दुर्ग, रायपुर तथा वर्धा जिलों में।
होलिया	बालाघाट और भंडारा जिलों में।
जंगम	भंडारा जिलों में।
ककरि	बरार आयुक्ती में और भण्डारा, चान्दा, बरार तथा वर्धा जिलो में।
कटिया	बरार आयुक्ती में, बालाघाट, बैतूल, भण्डारा, बिलासपुर, चान्दा, दुर्ग, नागपुर, निमाड, रायपुर और वर्धा जिलों में। होशंगाबाद जिले की होशंगाबाद और सिवनी मालवा तहसीलों में। सिवनी तहसील को छोड़कर शेष छिन्दवाड़ा जिले में। दमोह तहसील को छोड़कर शेष सागर जिले में।
खंगार	भण्डारा, बुलढाना, सागर जिलों में और होशंगाबाद जिले तथा सिवनी- मावला तहसील में।
खटीक	बरार आयुक्ती में, बालाघाट, भण्डारा, चान्दा, नागपुर और वर्धा जिलों में।
कोली	भण्डारा और चान्दा जिलों में।
कोरी	अमरावती, बालाघाट, बैतूल, भण्डारा, बुलढाना, छिन्दवाड़ा, बलपुर, मण्डला, निमाड, रायपुर और सागर जिलों में तथा हरदा और सोहागपुर तहसीलें छोड़कर शेष होशंगाबाद जिले में।
कुल्हार	भण्डारा और सागर जिले में तथा होशंगाबाद जिले की सिवनी मालवा तहसील में।
मदुगी	बरार आयुक्ती में, बालाघाट, भण्डारा, चान्दा, नागपुर, और वर्धा में।
माला	बालाघाट, बैतूल, छिन्दवाड़ा, होशंगाबाद, जबलपुर, मण्डला, निमाड़ और सागर जिलों में।
मेहरा और महार	होशंगाबाद जिले की हरदा और सोहागपुर तहसीलों को छोड़कर शेष सारे प्रान्त में।
नगाड़ची	बालाघाट, भण्डारा, छिन्दवाड़ा, मण्डला, नागपुर और रायपुर जिलों में।
ओझा	बालाघाट, भण्डारा, मण्डला जिलों में तथा होशंगाबाद जिले की होशंगाबाद तहसील में।
पनका	बरार आयुक्ती में, बालाघाट, भण्डारा, बिलासपुर, चान्दा दुर्ग, नागपुर, रायपुर, सागर और वर्धा जिलों में तथा सिवनी तहसील को छोड़कर शेष छिन्दवाड़ा जिलों में।
पारधी	होशंगाबाद जिलों की नरसिंहपुर तहसील में।
प्रधान	बरार आयुक्ती में, भण्डारा, चान्दा, नागपुर, निमाड़, रायपुर और वर्धा जिलों में तथा सिवनी तहसील को छोड़कर शेष छिन्दवाड़ा जिले में।
रुज्झर	होशंगाबाद जिले की सोहागपुर तहसील में।

8. भाग-असम

(1) असम घाटी में

नमः शूद्र	बनिया या वृत्तियल बनिया	मेहतर	भंगी	कैवर्त
हीरा	बांसफोड़			

(2) सुरमा घाटी में

माली या भई-माली	सूत्रधार	कैवर्त या जलिया
धुवी या धोबी	मूची	लालबेगी
डगला या धोली	पटनी	मेहतर या भंगी
झालो और मालो	नामशूद्र	बंसफोड़
मेहरा		

9. भाग- उड़ीसा

(1) प्रांत भर में अनुसूचित जातियां

आदि आन्ध्र	देवर	इरिका
औधेलिया	धोबा या धोबी	जग्गलि
बारिक	गाण्ढा	काण्डरा
बसोर	बुरुड़	घुसुरिया
कटिया	बाडरी	गोडगलि
चचटी	गोडरि	कोडालो
चमार	गोडस	मदारी
चण्डाल	गोखा	मादिग
डण्डासी	हड्डी या हाड़ी	महुरिया
माला	पंचम	पाईड़ी
मांग	पनका	पैण्डा
मंगन	रेल्ली	पामिड़ी
मेहरा, महार	सुपरि	बाल्मीकि
मेहतर, भंगी	सतनामी	सियार
मोची, मुची		

(2) पान या पानो : खेदमल जिले को छोड़कर शेष सारे प्रांत में, सम्बलपुर जिले में, मद्रास प्रेसिडेंसी की विशाखापट्नम और गंजाम एजेंसियों से 1936 में उड़ीसा को दे दिए गये भूमि-भाग में

(3) डोम या इम्बो : खोदमल जिले और इस प्रकार उड़ीसा को दे दिए गये भूमि-भाग के अलावा शेष सारे प्रांत में

(4) भुईया तुरी : सम्बलपुर जिला छोड़कर शेष सारे प्रान्त में। भुईयां, भूमिज, घासी, घसिया, तूरी भुईया

(5) कोरी : सम्बलपुर जिले की नवपाडा तहसील में।

यह एक भयानक सूची है। इसमें 429 (चार सौ उन्तीस) जातियां शामिल हैं। यदि इनकी

संख्या जोड़ी जाए, तो इसका मतलब यह होता है कि देश में आज 5-6 करोड़ लोग ऐसे हैं जिनके स्पर्श- मात्र से हिन्दू अपवित्र हो जाते हैं। निश्चय ही आरम्भिक तथा प्राचीन समाज में जो छुआछूत विद्यमान था वह भारतव्यापी करोड़ों लोगों के वंशानुगत छुआछूत के मुकाबले में नगण्य ठहरता है। हिंदुओं का यह छुआछूत अजूबा है। संसार के इतिहास में इसका कोई मुकाबला नहीं। एशिया और यूरोप की बहुत- सी जातियों की जनसंख्या से भी बड़ी जनसंख्या का 'छुआछूत' का अपनी जनसंख्या की अधिकता केही कारण अतुलनीय नहीं है लेकिन और दूसरे कारणों से भी बेमिसाल है।

इन 429 जातियों को 'अछूत' बना देनेवाली हिंदुओं की 'छुआछूत की पद्धति में अनेक ऐसी विशेषताएं हैं, जो गैरहिन्दू जातियों के छुआछूत में, चाहे वे आरम्भिक हों या प्राचीन, नहीं पाई जाती हैं। गैरहिन्दू समाज ने अपवित्रता से बचे रहने के लिए पृथक्करण के जो नियम मान रखे वे यदि तर्क-संगत न भी माने जाएं, तो भी समझ में आते हैं। यह पृथक्करण जन्म, विवाह, मृत्यु आदि विशेष अवसरों पर होता है। लेकिन हिंदू-समाज का यह पृथक्करण अर्थात यह छुआछूत स्पष्टतया निराधार ही है। आरम्भिक समाज जिस अपवित्रता को मानता था, वह थोड़े समय रहती थी और खाने-पीने आदि प्राकृतिक कार्यों के अलावा जीवन में जन्म, मृत्यु, मासिक धर्म आदि के जो असाधारण अवसर होते हैं, उन्हीं अवसर पर पैदा होती थी। अपवित्रता का समय बीत जाने पर और पवित्र बना देने वाला संस्कार हो चुकने पर लोग की अपवित्रता नष्ट हो जाती थी और वह फिर पवित्र तथा समाज में मिलने- जुलने योग्य हो जाता था। लेकिन यह पांच-छः करोड़ लोगों को छुआछूत जन्म-मृत्यु आदि के छुआछूत से हमेशा अलग है। यह स्थायी है। जो हिन्दू उनका स्पर्श करते हैं, वे स्नानादि के द्वारा पवित्र हो जा सकते हैं, लेकिन ऐसी कोई चीज नहीं जो अछूत को पवित्र बना सके। वे अपवित्र ही पैदा होते हे, वे जन्म भर अपवित्र बने रहते हैं। अपवित्र ही बने रहकर मर भी जाते हैं, और वे जिन बच्चों को जन्म देते हैं, बच्चे भी अपवित्रता का टीका माथे पर लगाये जन्म लेते हैं। यह एक स्थायी वंशानुगत कलंक है, जो किसी तरह धुल नहीं सकता। और तीसरी बात यह है कि गैरहिन्दू जो अपवित्रता से पैदा होने वाले पृथक्करण को मानते थे, वे उन व्यक्तियों को या उनसे निकट सम्पर्क रखने वालों को ही अलग करते थे, लेकिन हिंदुओं के इस छुआछूत ने एक वर्ग के समूचे वर्ग को अछूत बना रखा है- एक वर्ग जिसकी जनसंख्या पांच-छः करोड़ है।

चौथी बात यह है कि गैरहिंदू उन व्यक्तियों को जो अपवित्रता से प्रभावित हो गये हों, कुछ समय के लिए अलग् भर कर देते थे। वे उन्हें एकदम अलग बसा नहीं देते थे। हिंदू समाज का आदेश है कि सब अछूत अलग बसें। हिंदू अछूतों के मौहल्लों में नहीं रहेंगे और अछूतों को अपने मुहल्लों में नहीं रहने देंगे। हिंदू जिस छुआछूत को मानते हैं, उसका यह महत्त्वपूर्ण अंग है। यह सामाजिक बहिष्कार मात्र या थोड़े समय के लिए सामाजिक व्यवहार के बन्द कर देना

नहीं है, यह तो प्रदेश-पृथक्करण का उदाहरण है, अछूतों को एक कांटेदार तार के घेरे में, एक पिंजरे में बन्द कर देना। हर हिन्दू गांव में यहूदी लोगों को अलग रखने की जगह की तरह की एक जगह बनी है। हिन्दू गांव में रहते हैं, अछूत गांव से बाहर उसी जगह पर।

ऐसी है यह 'हिन्दू छुआछूत' की व्यवस्था। इससे कौन इनकार कर सकता है कि जो चीज गैरहिन्दुओं में देखी जाती है वह उससे हमेशा अलग है? यह निर्विवाद है कि हिन्दुओं का छुआछूत एक अजीब अमानवीय व्यवस्था है। गैरहिन्दू-समाज में भी लोगों को अपवित्र माना गया और उनकी अपवित्रता अल्पकालीन होती थी, जो किसी 'क्रिया' द्वारा नष्ट हो जाती थी। एक बार 'अपवित्र' सदा के लिए 'अपवित्र', के सिद्धान्त पर आश्रित इस प्रकार की स्थायी अपवित्रता कहीं देखने में नहीं आई। गैरहिन्दू-समाज में लोगों को अपवित्र माना गया और उनका सामाजिक व्यवहार भी बन्द हुआ है। लेकिन ऐसा कहीं न हुआ कि एक वर्ग को अनन्त काल के लिए अलग् बसा दिया जाए। गैरहिन्दुओं ने एक बड़ी जमात को ही अपवित्र मानकर उनके साथ वैसा बर्ताव किया है, लेकिन वे अजनबी की भांति बाहर के रहे हैं, रक्त-सीमा के संबंधों के घेरे से बाहर। ऐसा कभी नहीं हुआ कि किसी ने अपने ही लोगों को पीढ़ी-दर-पीढ़ी और स्थायी रूप से अपवित्र बनाकर रखा हो!

इस प्रकार हिन्दुओं का छुआछूत एक अजीब व्यवस्था है। संसार के किसी दूसरे हिस्से में मानवता ने आज तक कभी इसका अनुभव नहीं किया। किसी दूसरे समाज में इस जैसी कोई चीज नहीं है-न आरंभिक समाज में, न प्राचीन समाज में और न वर्तमान समाज में। छुआछूत के अध्ययन से जो अनेक समस्याएं पैदा होती हैं। और जिनके हल करने की आवश्यकता है, उनका समावेश इन दो सवालों में हो जाता है।

(1) अछूत गांव से बाहर क्यों रहते हैं? (2) उनकी अपवित्रता स्थायी और अमिट कैसे बन गई? अगले पृष्ठों में इन्हीं दो सवालों का उत्तर देने की कोशिश की गई है।

❐

3. अछूत गांव से बाहर क्यों रहते हैं?

अछूत गांव से बाहर क्यों रहते हैं? यह इतना निंदनीय तथ्य है कि जो लोग उनके बारे में अधिक कुछ नहीं जानते, वे भी इतनी बात तो जानते ही हैं। इतना होने पर भी कभी किसी ने नहीं सोचा कि यह एक बहुत गंभीर सवाल है, जिसका संतोषजनक उत्तर मिलना ही चाहिए। यह कैसे हुआ कि अछूत गांव से बाहर रहने लगे? क्या वे पहले 'अछूत' घोषित कर दिए गये और तब उन्हें गांव से बाहर निकालकर गांव के बाहर ही रहने के लिए बाध्य किया? या वे पहले से ही गांव के बाहर रहते थे और उन्हें पीछे 'अछूत' घोषित कर दिया गया? यदि हमारा यह उत्तर हो कि वह पहले से ही गांव के बाहर रहते थे, तो अगला सवाल यही पैदा होता है कि इसका कारण क्या था?

अछूतों के गांव के बाहर रहने के सवाल पर पहले कभी किसी ने विचार ही नहीं किया, इसलिए स्वाभाविक तौर पर इस बारे में किसी का कुछ भी सिद्धांत नहीं है। हां, हिन्दू-शास्त्रों की एक दृष्टि अवश्य है। यदि कोई उसे ही सिद्धांत का दर्जा देना चाहे, तो भले ही दे ले। शास्त्र कहते हैं कि 'अन्त्यजों को गांव के बाहर रहना चाहिए, उनकी बस्ती गांव के बाहर होनी चाहिए। उदाहरण के लिए मनु का कथन है-

चाण्डालश्वपचानान्तु बहिर्गामातू प्रतिश्रयः।
अपपात्राश्च कर्तव्या धनमेषां गर्दभम्।। (10,51)
वासांसि मृतचेलानि भिन्नभाण्डेषु भोजनम्।
काष्र्णाय समलंकारः पव्रिज्या च नित्यशः।। (10, 52)
न तैः समय मन्विच्छेत् पुरुषो धर्ममाचरन्।
व्यवहारो मिथस्तेषां विवाहः सदृशैः सह।। (10, 53)
अन्नमेषां पराधीनं देयं स्याद् भिन्नभाजने।
रात्रौ न विचरेयुस्ते ग्रामेषु नगरेषु च।। (10,54)
दिवा चरेयुः कार्यार्थ चिहिता राजशासनैः।
अबान्धवं शवं चैव निहरेयुरिति स्थितिः।। (10,55)

बध्यांश्च हन्युः सततं यथा शास्त्रं नृपाज्ञया।

बध्यवासांसि गृहणोयुः शय्याश्चाभरणानि च।। (10, 56)

अर्थ : 'चाण्डालों और खपचों का आवास गांव के बाहर होगा। उन्हें अपपात्र बनाना होगा। उनकी संपत्ति कुत्ते और गधे हो। ' (10, 51)

'उन्हें मुर्दों के उतरन पहनने होंगे, फूटे बर्तनों में भोजन करना, गहने काले लोहे के होंगे और उन्हें हमेशा जगह-जगह घूमते रहना होगा। ' (10, 52)

'कोई व्यक्ति, जो किसी धार्मिक कृत्य में लगा हो, उनसे किसी पल सरोकार न रखेगा। वे आपस में ही अपना सब व्यवहार रखेंगे और अपने विवाह भी अपनी बराबरी वालों के साथ करेंगे।' (10, 53)

'उनका भोजन उन्हें किसी नौकर आदि द्वारा टूटे हुए बर्तन में दिया जाएगा। रात को वे गांव या नगर में घूम न सकेंगे।' (10, 54)

'दिन में वे अपने काम के लिए जा सकते हैं; लेकिन उन्हें राजाज्ञा से सचिन्ह होना चाहिए। हां, यह नियम निश्चित है कि उन्हें ऐसे व्यक्तियों की लाश ढोकर ले जानी होगी जिनका कोई संबंधी न हो। ' (10, 55)

'राजा की आज्ञा से उन्हें ही दण्ड- नीति के अनुसार हमेशा अपराधियों की हत्या करनी होगी और वे उन अपराधियों के वस्त्र, बिस्तर और गहने ले सकेंगे।' (10, 53)

लेकिन शास्त्रों के इन कथनों का क्या अर्थ समझा जाए? इनके दो अर्थ हो सकते हैं। जब शास्त्र कहते हैं कि अछूतों को गांव से बाहर रहना चाहिए, तो उनका इतना ही अर्थ हो सकता है कि अछूतों को गांव के बाहर जहां वे ठहरते हैं, वहीं रहना चाहिए, यह एक अर्थ है। दूसरी व्यवस्था यह हो सकती है कि जिन्हें 'अछूत' घोषित कर दिया गया है, उन्हें गांव के अन्दर रहने की आज्ञा नहीं होनी चाहिए, बल्कि उन्हें गांव के बाहर जाकर गांव के बाहर ही रहने के लिए मजबूर करना चाहिए। शास्त्रों की इन दोनों व्याख्याओं से दो संभावनाएं उत्पन्न होती हैं। एक तो यह कि अछूतों के गांव से बाहर जाकर रहने का 'छुआछूत' से कोई संबंध नहीं। एकदम आरंभ से ही वे गांव के बाहर रहते आए हैं। इसके बाद जब उनके माथे पर 'छुआछूत' का टीका लगा, तो उनका गांव में आना बंद हो गया। दूसरी संभावना यह है कि 'छुआछूत' का अछूतों के गांव से बाहर जाकर रहने से पूरा संबंध है। दूसरे शब्दों में अछूत पहले गांव के अन्दर रहते थे बाद में जब उनके माथे पर 'छुआछूत' का टीका लगा, तो वे गांव को खाली करके गांव से बाहर जाकर रहने पर मजबूर हुए।

इन दोनों बातों में कौन-सी बात अधिक मान्य है?

यह दूसरी संभावना तो स्पष्ट तौर पर ही एक निरर्थक और बेसिर-पैर की कल्पना है। इसके खोखलेपन को दिखाने के लिए एक ही तर्क पर्याप्त है। हम जिस बात पर विचार कर रहे

हैं, वह किसी गांव या किसी क्षेत्र की बात नहीं। यह समस्त भारत वर्ष में व्याप्त है। अछूतों को गांव में से निकालकर बाहर बसाना बहुत बड़ी बात है। किसने और कैसे यह इतनी बड़ी बात की होगी? यह किसी चक्रवर्ती राजा की आज्ञा के बिना नहीं हो सकता था। उनके लिए भी इस प्रकार एक जगह से हटाकर दूसरी जगह बसाना संभव कार्य न था। चाहे संभव हो, चाहे असंभव, यह किसी चक्रवर्ती राजा का ही कार्य हो सकता है। वह कौन-सा चक्रवर्ती राजा है जिसे इस कार्य का श्रेय या अश्रेय दिया जा सकता है? स्पष्ट ही है कि भारत में कोई ऐसा राजा नहीं हुआ, जिसने यह कार्य किया हो। यदि भारत में ऐसा कोई राजा नहीं हुआ, तो यह दूसरी संभावना छोड़ देनी चाहिए।

अब जिस बात पर विचार किया जा सकता है, वह यही है कि जो लोग अछूत कहलाते हैं, वे 'अछूत' कहलाना आरंभ होने से भी पहले, एकदम शुरू से ही गांव के बाहर रहते थे और बाद में 'अछूत' बना दिए जाने के कारण उन्होंने बाहर ही रहना जारी रखा। लेकिन इससे एक बहुत ही कठिन सवाल पैदा होता है। वे गांव के बाहर क्यों रहते थे? उन्हें ऐसा करने के लिए किसने मजबूर किया? इसका उत्तर यही है कि समाजशास्त्र के विद्यार्थी को संसार में आरंभिक समाज के वर्तमान रूप धारण कर लेने के संबंध में जिन बातों की जानकारी है, उनका ख्याल करके यह मानना स्वाभाविक लगता है कि 'अछूत' आरंभ से ही गांव के बाहर रहते आए हैं।

शायद अधिक लोग, जब तक उन्हें उन बातों की कुछ व्याख्या न कर दी जाएगी जिनके कारण प्रारंभिक समाज ने वर्तमान स्वरूप ग्रहण कर लिया, तब तक वे यह नहीं समझ सकेंगे कि उपर्युक्त विचार स्वभाविक क्यों है? उस बात को अच्छी तरह समझने के लिए यह जरूरी है कि हम इस बात को ध्यान में रखें की वर्तमान समाज प्रारम्भ से दो बातों में अलग है। प्रारंभिक समाज 'घुमन्तू-जातियों' (nomadic) का बना था और वर्तमान समाज 'स्थिरतापूर्वक एक जगह बसी हुई जातियों' (set- teled) का समूह है, दूसरे प्रारंभिक समाज रक्त-संबंध पर आश्रित परिवार - जातियों का एक समूह था वर्तमान समाज क्षेत्रगत स्थानीय जातियों का समूह है। दूसरे शब्दों में प्रारंभिक समाज ने वर्तमान स्वरूप तक पहुंचने के लिए दो ओर अपना विकास किया है। विकास की एक धारा ने प्रारंभिक समाज को (रक्त आश्रित) परिवार-जाति की अवस्था से होकर क्षेत्रगत जाति की अवस्था को पहुंचा दिया है। इसमें कोई संदेह नहीं कि ऐसा परिवर्तन हुआ है। इस प्रकार के परिवर्तन के स्पष्ट चिह्न राजाओं की सरकारी उपाधियों में दिखाई देते हैं। अंग्रेजी राजाओं की उपाधियों को ही लीजिए, वह पहला बादशाह था जिसने अपने-आपको इंग्लैंड का बादशाह कहा। उसके पूर्वज सामान्य तथा अपने आपको अंग्रेजों का राजा कहते आए थे। पहला कथन एक क्षेत्रगत जाति का प्रतिनिधित्व करता है, दूसरा एक परिवार- जाति का। इंगलैंड कभी एक देश था। जहां अंग्रेज भी निवास करते थे। अब अंग्रेज वे लोग हैं जो इंगलैंड में निवास करते हैं। इसी प्रकार का परिवर्तन फ्रांसीसी नरेशों की उपाधियों

में भी दिखाई देता है। कभी वे 'फ्रांसिसी लोगों के राजा' कहलाते थे, लेकिन आगे चलकर 'फ्रांस के राजा' कहलाने लगे। विकास की दूसरी धारा ने प्रारंभिक समाज को 'घुमन्तू समाज' न रहने देकर एक 'स्थिर निवास प्राप्त समाज' बनाया। यहां भी यह परिवर्तन इतना निश्चित और प्रभाव पैदा करने वाला है कि इसकी वास्तविकता का विश्वास कराने के लिए किसी उदाहरण की आवश्यकता नहीं।

इस समय हमें अपने मतलब के लिए इतना ही पर्याप्त है कि हम विकास की दूसरी धारा पर विचार करें। प्रारंभिक समाज किस प्रकार 'घुमन्तू समाज' न रहकर 'स्थिर - बसा हुआ समाज' बन गया? प्रारंभिक समाज के घुमन्तू समाज न रहकर स्थिर - बसा हुआ समाज बनने की कथा इतनी अधिक लम्बी है कि वह एक चैप्टर में आ ही नहीं सकती। केवल दो बातों की ओर ध्यान देना पर्याप्त होगा। पहली बात जो समझने की है वह यही है कि किस चीज ने प्रारंभिक समाज से उसका घुमन्तू जीवन छुड़ा दिया? दूसरे घुमन्तू जीवन से स्थिर बसे हुए जीवन तक पहुंचने के बीच उसे किस-किस अवस्था में से गुजरना पड़ा?

निःसंदेह प्रारंभिक समाज 'घुमन्तू समाज' था। लेकिन वह घुमन्तू अपने किसी घुमक्कड़पन के स्वभाव-विशेष के कारण नहीं था। इसका कारण यह था कि प्रारंभिक समाज का धन पशु थे, और पशु नये चारागाहों की खोज में घूमते थे। प्रारंभिक समाज अपने पशु-प्रेम के कारण जहां उसके पशु उसे ले जाते, वहां उनके पीछे-पीछे जाता था। प्रारंभिक समाज का निवास जब स्थिर हो गया अर्थात् जब वह एक जगह बस गया, तो उसे एक नए प्रकार के धन का पता लगा। यह नए प्रकार का धन 'भूमि' थी। यह उस समय हुआ, जब प्रारंभिक समाज ने खेती करने और खेत जोतने की कला सीख ली, और जब उसका धन पशुओं से 'भूमि' में परिवर्तित हो गया, तो वह एक जगह स्थिर हो गया। इस परिवर्तन के साथ-साथ प्रारंभिक समाज भी स्थिर होकर एक जगह बस गया।

इससे यह बात स्पष्ट हो जाती है कि प्रारंभिक समाज किसी समय घुमन्तु समाज क्यों था और फिर उसने एक जगह स्थिर होकर रहना क्यों सीख लिया?

दूसरी बात ध्यान देने की यह है कि जब प्रारंभिक समाज घुमन्तू जीवन छोड़ने की ओर अग्रसर हो रहा था, उस समय क्या घटनाएं घटीं? घुमन्तू जीवन को छोड़ स्थिरता का जीवन ग्रहण करते समय प्रारंभिक समाज के सामने मुख्य रूप से दो समस्याएं उपस्थित हुईं। एक तो एक जगह बस जाने वालों को सुलझाना था और दूसरी, छिन्न-भिन्न हुए परास्त लोगों को सुलझाना था। एक जगह बस जाने वाली जातियों के सामने समस्या थी कि वे दूसरी घुमन्तू जातियों से अपनी रक्षा कैसे करें? और छिन्न-भिन्न हुई परास्त जातियों की समस्या थी कि उनको कहीं-न-कहीं शरणस्थान मिले। इसको और स्पष्ट करते बताना जरूरी हो सकता है कि ये समस्याए क्यों और कैसे पैदा हुईं?

एक जगह बस जाने वाले जातियों के सामने जो समस्या आई, उसे समझने के लिए निम्न बातों की ओर ध्यान देना होगा। सभी घुमन्तू दल या जातियां एक ही समय स्थिर नहीं हो गयी थीं। कुछ स्थिर हो गयीं, कुछ घुमन्तू बनी रहीं। दूसरी बात जो याद रखने की है, कि ये दल या जातियां कभी आपस में शांति से नहीं रहती थीं। उनमें आपस में लड़ाई ही होती रहती थी। जब सभी दल या जातियां घुमन्तू अवस्था में थीं, तो उनके आपसी युद्ध के प्रधान कारण (1) पशुओं की चोरी, (2) स्त्रियों की चोरी, (3) दूसरे दलों या जातियों के चारागाहों में पशुओं को जबर्दस्ती चुरा लेना। जब कुछ दल या जातियां स्थिर होकर बस गईं, तो जो दल या जातियां अभी घुमन्तू जीवन व्यतीत कर ही रही थीं, उनके लिए एक जगह बसे हुए लोगों के साथ लड़ना-भिड़ना और भी आसान हो गया। दूसरे, घुमन्तू लोगों के साथ लड़ाई करने की अपेक्षा इसमें अधिक लाभ था। घुमन्तू, जातियों की समझ में यह बात आ गई थी कि स्थिर होकर बस जाने वाली जातियों के पास दोहरा धन था। घुमन्तू दलों की तरह इनके पास पशु तो थे ही और पशुओं के अलावा धन भी था, जिन्हें देखकर घुमन्तू लोगों की लार टपकती थी। घुमन्तू दल स्थिर बसी हुई जातियों पर लगातार संगठित आक्रमण करते थे, ताकि वे उनका धन चुराकर ले जा सकें। तीसरी बात यह थी कि एक जगह बसी हुई जातियां इन घुमन्तू दलों से अपनी रक्षा करने के मामले में बड़े घाटे में थीं, क्योंकि वे अधिक लाभ के धन्धे में लग गई थीं, इसलिए हर समय अपने दलों की तलवारें नहीं बना सकती थीं और न अपने घर छोड़कर इन घुमन्तू दलों का पीछा ही कर सकती थीं। इसमें कुछ भी आश्चर्य की बात नहीं। इतिहास बताता है कि जिन लोगों के पास अपनी रक्षा के साधन नहीं होते, वे सभ्य होते हुए भी दूसरे असभ्य लोगों का मुकाबला नहीं कर सकते। इससे यह बात स्पष्ट हो जाती है कि घुमन्तू जातियां जब स्थिर होकर एक जगह बसने लगीं, तो उनके सामने आत्म-रक्षा की समस्या क्यों और कैसे उपस्थित हुई?

और परास्त होकर छिन्न-भिन्न हुए मनुष्यों की समस्या कैसे उत्पन्न हुई? यह समझना कठिन नहीं। यह आपस में लगातार लड़ते-भिड़ते रहने का ही परिणाम है, जो समाज की उस आरंभिक अवस्था में उन दलों या जातियों में सामान्य बात थी। इन दलगत युद्धों में प्रायः एक दल का हमेशा उन्मूलन तो नहीं होता था किंतु वह परास्त होकर छिन्न-भिन्न हो जाता था। बहुधा जो दल परास्त हो जाता था, वह टुकड़े-टुकड़े हो जाता था। उसके परिणामस्वरूप समाज के विकास की प्रारंभिक अवस्था में एक बड़ी जन संख्या, जो इसी प्रकार परास्त होकर छिन्न-भिन्न हुए लोगों की थी, इधर-उधर घूमती रहती थी। छिन्न-भिन्न हुए लोगों की समस्या क्यों उत्पन्न हुई, इस बात को समझने के लिए यह जरूरी है कि प्रारंभिक समाज संगठन दलगत था। संगठन दलगत होने के दो अर्थ थे। पहला यह कि प्रारंभिक समाज में हर व्यक्ति का किसी दल से संबंध था। इतना ही नहीं, इसे किसी दल का होकर रहना पड़ता था।

दल से बाहर किसी व्यक्ति का कोई अस्तित्व न था, हो ही नहीं सकता था। दूसरे दल-गत संगठन का आधार रक्त संबंध होने से कोई भी व्यक्ति, जो एक दल में पैदा हुआ हो, वह दूसरे दल में शामिल होकर उसका सदस्य नहीं हो सकता था। इसलिए इन छिन्न-भिन्न हुए लोगों को व्यक्तिगत हैसियत से ही रहना पड़ता था। लेकिन प्रारंभिक समाज में जहां एक दल का दूसरे दल से संग्राम हो रहा है, इस बात का हमेशा डर बना रहता था कि कहीं छिन्न- भिन्न लोगों के इन अस्त-व्यस्त समूहों पर भी आक्रमण न हो जाए। वे नहीं जानते थे कि वे कहां शरण- स्थान ढूंढे? वे नहीं जानते थे कि उन पर कौन आक्रमण कर बैठेगा और कौन उनकी रक्षा करेगा? इसलिए आश्रय स्थान मिलना और सुरक्षित रह सकना इन छिन्न-भिन्न हुए लोगों की एक समस्या थी।

प्रारम्भिक समाज के विकास के बारे में ऊपर जो कुछ भी सार रूप में कहा गया है, उससे यह स्पष्ट होता है कि प्रारम्भिक समाज के जीवन में एक समय था, जब वह दो समूहों में विभक्त हो गया था। एक समूह एक जगह स्थिर रूप से बसे हुए लोगों का था। उनकी समस्या थी कि उन्हें ऐसे लोग मिले जो घुमन्तू आक्रमणकारियों के विरुद्ध उनकी पहरेदारी का काम करें। दूसरा समूह उन छिन्न-भिन्न हुए परास्त लोगों का था, जिनके सामने यह समस्या थी कि उन्हें कोई ऐसे संरक्षक मिल जाए, जो उन्हें भोजन तथा शरण-स्थान दे।

दूसरा सवाल है कि इन दोनों समूहों ने अपनी समस्या को कैसे सुलझाया? हालाकि हमारे पास प्राचीनकाल का कोई ऐसा लेखा नहीं है जिसके आधार पर हम निश्चयात्मक रूप से कह सकें कि दोनों में किस प्रकार का पैक्ट या समझौता हुआ था, तो भी हम कह सकते हैं कि दोनों ने आपस में एक समझौता किया, जिसके अनुसार इन छिन्न-भिन्न हुए परास्त लोगों ने एक जगह स्थिर रूप से बसी हुई जातियों की चौकीदारी या पहरेदारी करना स्वीकार किया और दूसरी ओर जो स्थिर रूप से बसी हुई जातियां थीं, उन्होंने इन्हें भोजन तथा शरण-स्थान देना स्वीकार किया। सचमुच यह बड़ा अस्वाभाविक होता यदि इस प्रकार की परस्पर व्यवस्था न कर ली गई होती क्योंकि दोनों को अपने-अपने स्वार्थ की पूर्ति के लिए एक-दूसरे के सहयोग की आवश्यकता थी।

इस सौदे के निपटाने में एक कठिनाई अवश्य उत्पन्न हुई होगी। शरण-स्थान की कठिनाई। ये छिन्न- भिन्न हुए लोग रहें कहां? स्थिर रूप से बसे हुए लोगों के बीच में या उनसे बाहर? इस समस्या को तय करने में दो बातें निर्णायक सिद्ध हुई होंगी- एक तो रक्त-संबंध की, दूसरी युद्ध-नीति की। प्रारंभिक लोगों की मान्यताओं के अनुसार रक्त-संबंधी ही एक साथ रह सकते थे। कोई भी बाहरी लोग उस क्षेत्र में प्रवेश नहीं पा सकता था जहा किसी दल विशेष का अधिकार हो। ये छिन्न भिन्न हुए लोग 'बाहरी' थे। ये उस दल के थे जो स्थिर रूप से बसे हुए लोगों के दल से अलग था। जब यह ऐसा था, तो उन्हें स्थिर रूप से बसे हुए लोगों के बीच में नहीं रहने

दिया जा सकता था। युद्ध-नीति के विचार से भी यह जरूरी था कि ये छिन्न-भिन्न हुए लोग (brokenmen) गांव की सीमा पर रहें, जिससे ये आक्रमणकारियों का मुकाबला कर सके। इन दोनों बातों से मिलकर यही फैसला कराया कि वे लोग गांव से बाहर गांव की सीमा पर रहें।

अब हम फिर मुख्य सवाल पर वापस आते हैं। अछूत गांव के बाहर क्यों रहते हैं? ऊपर जो दिशा निर्देश किया गया है, उस ओर इस सवाल का उत्तर पाने की कुछ कोशिश की जा सकती है। यही बात जो अन्यत्र हुई, वह भारत में भी हुई होगी जब कि घुमन्तू जीवन छोड़ हिन्दू-समाज स्थिर जीवन की ओर अग्रसर हो रहा था। प्रारंभिक समाज में स्थिर रूप से बसे हुए और छिन्न-भिन्न हुए परास्त, दोनों तरह के लोग रहे होंगे। जो स्थिर रूप से बसे, उन्होंने गांव की बुनियाद डाली और ये गांव में बसे; जो छिन्न-भिन्न हुए परास्त लोग थे, वे अलग दल और अलग-रक्त होने के कारण गांव से बाहर बसे। इसे निश्चयात्मक भाषा में कहना हो तो आज के 'अछूत' किसी समय के छिन्न-भिन्न हुए परास्त लोग भर हैं, और क्योंकि वे अलग-अलग हुए परास्त लोग थे, इसलिए वे गांव के बाहर बसे।

इससे यह बात स्पष्ट हो जाती है कि यह मानना क्यों स्वाभाविक है कि अपने आरभ काल से ही 'अछूत' गांव के बाहर रहते हैं और उनके गांव से बाहर रहने से 'छुआछूत' को कुछ लेना-देना नहीं। यह सिद्धांत इतना नया है कि आलोचकों को अपने और सवालों का उत्तर पाए बिना संतोष हो ही नहीं सकता। वे पूछ सकते हैं।

(1) क्या इसका कोई प्रमाण है कि 'अछूत' छिन्न-भिन्न हुए परास्त लोग ही हैं?

(2) क्या इस बात का कोई प्रमाण है कि स्थिर रूप से बसने के जिस क्रम की ऊपर चर्चा की गई, वैसा किसी देश में हुआ भी है?

(3) यदि छिन्न-भिन्न हुए लोगों का गांव के बाहर रहना एक सर्व व्यापक घटना है, तो यह कैसे हुआ कि और देशों में गांवों के बाहर बसी बस्तियां नहीं रहीं और केवल भारत में बनीं रहीं?

❐

4. क्या अछूत बहिष्कृत-अलग हुए लोग हैं?

यह सवाल पूछा जाए कि क्या 'अछूत' मूल में छिन्न-भिन्न हुए परास्त लोग ही हैं, तो मेरा उत्तर है 'हां'। हां कहने पर अपने कथन को प्रमाणित करना पड़ता है। इस संबंध के सच्ची प्रमाण मिल सकते थे; यदि किसी ने हिन्दू गांवों के 'छूत' और 'अछूत' लोगों के परम्परागत 'जातीय चिह्नों का अध्ययन किया होता। दुर्भाग्य से हिन्दुओं और अछूतों के जातीय चिह्नों को संस्थान के अध्ययन के नृवंश शास्त्र (anthropology) के विद्यार्थियों ने आरंभ ही नहीं किया है। जब इस प्रकार की सामग्री इकट्ठी हो जाएगी, तो हम इस अध्याय में उठाए गये सवालों पर फैसलाात्मक सम्मति दे सकेंगे। अभी के लिए मैंने जो थोड़ी बहुत खोज की है, उससे मैं सन्तुष्ट हूं कि ग्राम- विशेष के 'अछूतों' के पारस्परिक जातीय चिह्न उसी गांव के 'हिन्दुओं के पारस्परिक जातीय चिह्नों से अलग हैं।

इस बात के पक्ष में कि अछूत छिन्न-भिन्न हुए परास्त लोग हैं, और गांव में बसने वाली जाति जिस दल की हैं, उससे वे अलग दल के हैं, हिन्दुओं और अछूतों के पारस्परिक जातीय चिह्नों की भिन्नता ही सर्वश्रेष्ठ प्रमाण है। लेकिन यह स्वीकार करना होगा कि इस प्रकार की सामग्री तो अभी एकत्रित करने की आवश्यकता है। लेकिन कुछ ऐसी बातें हैं जो नष्ट होने से बच गयी हैं, जो दिशा निर्देश करती हैं, और जिनसे यह परिणाम निकाला जा सकता है कि 'अछूत' छिन्न-भिन्न हुए परास्त लोग हैं। इस तरह की प्रमाण देने वाली बातें दो प्रकार की हैं।

एक तो 'अन्त्य', 'अन्त्यज' ओर 'अन्त्येवासिन' नाम हैं, जो हिन्दू-शास्त्रों ने कुछ जातियों को दे रखे हैं। वे बहुत प्राचीन समय से चले आ रहे हैं। कुछ खास लोगों के लिए इन नामों का उपयोग क्यों किया गया? इन शब्दों में कुछ अर्थ छिपा हुआ मालूम होता है। ये 'अंत' शब्द के मेल से बने हैं। 'अंत' शब्द का अर्थ क्या है? पंडितों का कहना है कि 'अंत' शब्द का अर्थ है 'अंत में उत्पन्न हुआ'। क्योंकि इस सिद्धांत के अनुसार तो 'शूद्र' अंत में पैदा हुए हैं। अछूत तो ब्रह्मा की सृष्टि-रचना के बाहर का प्राणी है। शूद्र का पहले और पीछे का सिद्धांत अछूत पर लागू नहीं होता। मेरी समझ में 'अन्त्य' का मतलब सृष्टि का अंत नहीं, लेकिन गांव के अन्त हैं। यह एक नाम है जो गांव की सीमा पर रहने वाले लोगों को दिया गया है। इस 'अन्त्य' शब्द का ऐतिहासिक महत्त्व है। यह बताता है कि एक समय था जब कुछ लोग गांव में रहते थे और

कुछ गांव के बाहर जो लोग गांव के बाहर, गांव के 'अन्त्य' में रहते थे, वे 'अन्त्यज' कहलाते थे।

कुछ ही लोग गांव की सीमा पर क्यों रहते थे? क्या इसका इसके अलावा कोई और कारण हो सकता है कि ये छिन्न-भिन्न हुए परास्त लोग थे, और ये उस 'दल' के बाहर के थे जिस दल के लोग गांव के भीतर रहते थे? यही खास कारण था, यह बात उन शब्दों के प्रयोग से भी स्पष्ट होती है जिनका इन लोगों के लिए प्रयोग किया गया है। इस प्रकार अन्त्य', 'अन्त्यज', 'अन्त्ये वासिन्' शब्दों के प्रयोग का दोहरा अर्थ है। पहले तो इससे प्रकट होता है कि गांव के बाहर अलग-वास ही एक ऐसी अनोखी बात थी कि जिसके लिए नए शब्दों की रचना करनी पड़ी। दूसरे जिन नए शब्दों का प्रयोग किया गया है, वे ऐसे हैं कि जिन लोगों के लिए उनका प्रयोग हुआ है, उनकी तात्कालिक अवस्था को सच्ची रूप से चित्रित कर देते हैं, अर्थात यह बता देते हैं कि वे 'पराये' थे।

दूसरी वे बातें जो बताती हैं कि 'अछूत' छिन्न-भिन्न हुए परास्त लोग भर हैं, 'महार' नाम की एक जाति से संबंधित हैं। महाराष्ट्र में 'महार' ही मुख्य अछूत जाति है। यह महाराष्ट्र की अकेली सबसे बड़ी मुख्य अछूत-जाति है। महारों और दूसरे हिन्दुओं का आपसी संबंध स्पष्ट करने वाली बड़ी निम्नलिखित बातें ध्यान देने योग्य हैं। (1) हर गांव में महार मिलते हैं। (2) महाराष्ट्र में हर गांव के पास एक दीवार होती है और महार उस दीवार से बाहर रहते हैं। (3) महार बारी-बारी से गांव की पहरेदारी करते हैं। (4) महार अपने 52 अधिकारों की चर्चा करते हैं, जो उन्हें हिन्दुओं से विशेष रूप से प्राप्त हैं। इन 52 अधिकारों में सबसे मुख्य हैं।

(1) गांव के लोगों से खाना इकट्ठा करने का अधिकार।

(2) पैदावार के समय हर गांव से धान इकट्ठा करने का अधिकार।

(3) गांव में जो पशु मर जाए, इसकी लाश को अपने उपयोग में लाने का अधिकार।

इसमें सन्देह नहीं कि महारों की स्थिति से जो बात प्रमाणित होती है, वह केवल महाराष्ट्र के लिए सीमित है। इस बात की अभी खोज करनी बाकी हैं कि भारत के दूसरे प्रान्तों में भी ऐसी ही स्थिति है या नहीं? लेकिन यदि महारों कि स्थिति को भारत व्यापी अछूतों की स्थिति का एक नमूना मान लें, तो यह स्वीकार करना होगा कि भारत के इतिहास में एक ऐसा समय आया था कि जब दूसरे दलों के छिन्न-भिन्न परास्त लोग एक जगह स्थिर रूप से बसे हुए लोगों के पास आए और उनसे एक प्रकार का सौदा किया, जिससे छिन्न-भिन्न हुए परास्त लोगों को गांवों की सीमा पर बसने की आज्ञा मिल गई। उन्हें कुछ कर्तव्य पालन करना पड़ता था और बदले में उन्हें कुछ अधिकार भी मिल गए। महारों की अनुश्रुति है उनके 52 अधिकार जो उन्हें बरार के मुस्लिम राजाओं से प्राप्त हुए हैं। इसका अर्थ केवल इतना ही हो सकता है कि यह अधिकार तो प्राचीन ही हैं, किंतु इन्हें बरार के राजाओं ने नए सिरे से मान्यता दी होगी।

ये तथ्य हालाकि बहुत मामूली हैं, तो भी इनसे एक सीमा तक यह बात प्रमाणित होती

है कि आरंभ से ही 'अछूत' गांव के बाहर रहते आए हैं। ऐसा नहीं हुआ था कि उन्हें अछूत बनाया गया हो और तब वे गांव के बाहर जाकर रहने पर मजबूर किए गए हों। वे आरंभ से ही गांव के बाहर रहते आए हैं, क्योंकि वे लोग किसी अन्य कबीले से बिछड़े थे जो गांव के भीतर बसे हुए थे।

इस बात को स्वीकार करने में जो सबसे बड़ी कठिनाई है, वह यह कल्पना है कि अछूत सदा से 'अछूत' ही चले आए हैं। यह कठिनाई तुरन्त जाती रहेगी जब एक बार यह बात समझ में आ जाएगी कि आज के 'अछूतों' के पूर्वज 'अछूत' नहीं रहे हैं। वे छिन्न-भिन्न हुए परास्त लोग भर थे, न कुछ कम न अधिक। उनमें और दूसरे लोगों में यदि कोई भेद था, तो इतना ही कि वे छिन्न-भिन्न 'दलों' या 'कुलों' के लोग थे।

❐

5. क्या अन्यत्र भी ऐसा हुआ है?

क्या इतिहास को अन्यत्र भी कहीं इस प्रकार परास्त लोगों के गांव से बाहर बसने की जानकारी है? इस सवाल का 'हो' में उत्तर दिया जा सकता है। सौभाग्य से हमारे पास ऐसे उदाहरण हैं जो यह सिद्ध करते हैं कि जो कुछ भारत में विशेष रूप से हुआ कहा जाता है, वह अन्यत्र भी हुआ है। जिन देशों में ठीक इस तरह की बात हुई कही जाती है, उनके नाम आयरलैंड और वेल्स हैं।

आरंभिक समयों में आयरलैंड के गांव का संगठन कैसा था- यह ब्रेहन के आयरलैंड के कानूनों से जाना जा सकता है। इन कानूनों से जैसा प्रकट होता है, उसकी कुछ कल्पना सर हेनरीमेन द्वारा दिए गये निम्नलिखित सारांश से हो जाती है। सर हेनरीमेन का कहना है:

'ब्रेहन का कानून हमें समाज की उस व्यवस्था में परिचित कराता है, जब 'दल' या 'कुल' को एक जगह बसे - काफी समय गुजर चुका था। इसका आकार और महत्त्व इतना अवश्य था कि ये एक राजनीतिक 'इकाई' बन सके, और सम्भवतः उनके सिर पर अनेक मुखियों में से एक मुखिया था जिसे आयरलैंड के लेखों में 'राजा' कहा गया है। मूल बात जो मान ली जाती है, वह यह है कि जितना भी दलीय क्षेत्र है, वह सारे दल का है, लेकिन वास्तव में इसके बड़े-बड़े हिस्सों पर दलों के छोटे-छोटे कुलों का स्थायी अधिकार हो गया है। उसका एक हिस्सा मुखिया के लिए निश्चित है और उत्तराधिकार के एक विशेष नियम के अनुसार उसके उत्तराधिकारियों के लिए दूसरे हिस्से 'दलों के अधिकार में हैं, जिनमें कुछ छोटे मुखियों के अधीन हैं; और कुछ ऐसे हैं जिन पर हालाकि किसी मुखिया का सीधा अधिकार नहीं है, तो भी कुलीन वर्ग का कोई-न-कोई व्यक्ति ही जिनका प्रतिनिधित्व करता है। दल की जितनी भूमि पर किसी ने अधिकार नहीं किया, उस सारी भूमि पर विशेष रूप से दल का सामूहिक अधिकार है, और सिद्धांत रूप से किसी हिस्से पर भी अस्थायी अधिकार करने वाले 'दलीय लोगों' के समूह हैं जो अपने आपको 'दलीय लोग' कहते हैं, किंतु जो वास्तव में मुख्य रूप से पशु चराने के उद्देश्य से आपस में इकट्ठे होकर समझौता किए हुए हैं। दलीय भूमि के एक बड़े हिस्से पर किसी का भी अधिकार नहीं है, वह दल की 'परती' भूमि है। इतना होने पर भी इस भूमि पर लगातार चलता है या दलीय लोगों द्वारा स्थायी तौर पर पशु चराए जाते हैं और इस पर खेती

करने वाले तथा कमीन लोगों को रहने दिया जाता है, विशेष रूप से सीमा की ओर। यह उस भूमि का एक हिस्सा है, जिस पर मुखिया का अधिकार बढ़ता है, और वह अपने 'फ्यूदहिर' या परायों को बसाता है, जिनमें किसानों का एक महत्त्वपूर्ण वर्ग है। नियमबाह्य और दूसरे दलों के ऐसे परास्त लोग होते हैं जो उसके पास सुरक्षा के लिए आते हैं जिनका अपने नए दल से उतना ही संबंध रहता है कि वे उसके मुखिया के पास सुरक्षा के लिए आते हैं, जो उनकी जिम्मेदारी अपने ऊपर लेता है।"

ये 'फ्यूदहिर' कौन थे? सर हेनरी गेन के मतानुसार फ्यूदहिर थे -

"दूसरे प्रदेशों से आने वाले 'पराये' या शरणार्थी जिन्होंने अपना मूल दल से संबंध तोड़ लिया था, यह संबध जो उन्हें अपनी 'जाति' में एक स्थान देता था और जो नए स्थान में दल में जगह पाने के लिए कोशिशशील थे। समाज एकदम अस्त-व्यस्त हो गया था। इसका परिणाम यही हुआ कि सारा देश छिन्न-भिन्न हुए परास्त लोगों से भर गया। इन लोगों के लिए 'फ्यूदहिर' किसान बन जाना ही एकमात्र निवास और सुरक्षा पाने का साधन था।"

फ्यूदहिर 'दल' का लोग नहीं था। वह उन तमाम समाजों में 'पराया' था जिनके व्यक्ति रक्त-संबंध से एक दूसरे के साथ गुंथे हुए हैं। किसी भी व्यक्ति की बड़ी ही दुर्दशा होती है, जिसका संबंध अपने समाज से टूट गया है। उसका जो स्वाभाविक स्थान है वह तो जाता ही रहता है, उनके पास उसके लिए और भी कहीं कोई जगह नहीं होती।"

अब वेल्स की बात। श्री सीभोम ने प्रारंभिक समयों के वेल्स ग्रामों के संगठन का वर्णन किया है। सीभोम के विचार के अनुसार वेल्स गांव घरों का समूह था। घर दो हिस्सों में विभक्त थे, स्वतंत्र किसानों के घर तथा पराधिन किसानों के घर। श्री सीभोम का कहना है कि यह अलग-अलग निवास वेल्ज के प्रारंभिक समयों के गांव की सामान्य बात थी। यह पराधिन किसान अलग और दूरी पर क्यों बसाए गये थे? श्री सीभोम ने इस अलगता का कारण इस प्रकार बताया है-

"एकाएक देखने पर वेल्स के प्राचीन कानूनों में जिन दलीय लोगों तथा अदलीय लोग मानव- वर्गों का उल्लेख है, उनमें बड़ा झमेला मालूम देता है। यह झमेला तभी मिटता है, जब उस दलीय समाज के संस्थान का आधार - नियम समझ में आ जाता है। यह सिद्धांत ऊपरी दृष्टि से एकदम सरल रूप ग्रहण कर लेता है, यदि इसे विजय और भूमि की स्थायी व्यवस्था की उलझनों से मुक्त किया जा सके। विदेशी कानून, रीति-रिवाज तथा नामावली के आक्रमणों से अलग रखा जाए। इसमें कोई संदेह नहीं कि दलीय समाज, का सबसे पहला सिद्धांत स्वतंत्र दलीय लोगों का आपसी रक्त-संबंध आधारित ही था। कोई भी हो, जो संबंधी न हो, 'दल' का नहीं हो सकता था। 'दल' भी वास्तव में वेल्स के संबंधियों का एक समार- मात्र ही था। तो मोटे तौर पर वेल्स की दलपति में दो वर्ग थे- वैल्स रक्त वाले और पराये रक्त वाले। भूमि-व्यवस्था

या विजय की किसी बात से हमेशा असम्बद्ध इन दोनों दलों में यदि इसे अनुलंघनीय भी माना जाए, तो भी एक बहुत गहरी खाई थी। यह रक्त का भेद था और यह जल्दी ही स्पष्ट हो जाता है कि जिस आग्रह से इस भेद की रक्षा की गई है वह दलीय पद्धति का एक विशेष परिचायक चिन्ह है और साथ ही उसकी शक्ति का एक छिपा हुआ रहस्य भी।"

प्रारंभिक समयों में आयरलैंड और वेल्स के गांव के संगठनों के इस वर्णन से यह स्पष्ट हो जाता है कि भारत के 'अछूत' ही अकेले ऐसे नहीं हैं जो गांव के बाहर रहते हैं। इससे सिद्ध होता है कि एक सर्वव्यापी घटना थी और इसकी निम्नलिखित विशेषताएं थीं -

(1) प्रारंभिक समयों में गांव की बस्तियां दो हिस्सों में विभक्त थीं। एक हिस्से में एक 'दल' के लोग रहते थे, दूसरे हिस्से में विभिन्न दलों के लोग।

(2) बस्ती का वह हिस्सा, जहां 'दल' के लोग रहते थे, 'गांव' कहलाता था। छिन्न-भिन्न हुए लोग गांव के बाहर थे।

(3) छिन्न-भिन्न हुए लोगों के गांव से बाहर रहने का कारण यही था कि ये 'पराए थे और इनको उस 'दल' से कोई संबंध न था।

भारत के अछूतों तथा आयरलैंड के 'फ्यूदिहर' और वेल्स के 'अल्त्यूर्द' की उपमा में पूरी समरूपता है। जिस कारण से आयरलैंड में 'फ्यूदिहर' और वेल्ज में 'अल्त्यूर्द' लोगों को गांव से बाहर रहना पड़ता था, उसी कारण से भारत में 'अछूत' गांव से बाहर रहते आए हैं। इससे यह बात स्पष्ट है कि अछूतों के गांव से बाहर रहने के बारे में जो कुछ कहा गया है, उसके उदाहरण अन्यत्र भी विद्यमान हैं।

❒

6. ये बस्तियां अन्यत्र क्यों विलुप्त हो गयीं?

यह बात सत्य है कि आयरलैंड के 'फ्यूदिहर' वेल्स के "अल्त्यूर्द" छिन्न-भिन्न लोग थे। यह भी बात ठीक है कि वे अलग बस्तियों में रहते थे। साथ ही यह भी सत्य है कि उन छिन्न-भिन्न हुए लोगों की बस्तियां लुप्त हो गईं और वे स्थिर रूप से बसी हुई जातियों के हिस्से बन गए और उन्हीं में घुल-मिल गए। यह जरा अनोखी चीज है। अब तक जिस सिद्धांत का प्रतिपादन किया गया है, उसके अनुसार उन लोगों को गांव से बाहर इसीलिए बसाया गया था, क्योंकि वे अलग 'दल' के और अलग 'रक्त' के थे। तब यह कैसे हुआ कि वे आगे चलकर 'दल' में घुल-मिल गए? भारत में भी ऐसी बात क्यों नहीं हुई? ये कुछ ऐसे सवाल हैं जो स्वाभाविक हैं और जिनका उत्तर देना जरूरी है।

यह सवाल ठोस रूप से विकास की उस प्रक्रिया से जुड़ा हुआ है, जिससे गुजरकर प्रारंभिक समाज ने वर्तमान रूप धारण किया। जैसा पहले भी कहा गया है, यह विकास दो दिशाओं में हुआ है। एक तो प्रारंभिक समाज का 'घुमन्तू' अवस्था से स्थिरता की अवस्था को प्राप्त होना, दूसरे प्रारंभिक समाज की दलीय अवस्था से क्षेत्र-गत अवस्था को प्राप्त होना। जो सवाल अभी हमें हैरान किये हुए है वह विकास की दूसरी धारा से संबंधित है। क्योंकि रक्त की समानता के स्थान पर क्षेत्र की समानता को एकता का बन्धन बन जाना ही वह कारण है जिससे छिन्न-भिन्न लोगों की अलग बस्तियां नष्ट हो गई हैं। प्रारंभिक समाज ने रक्त की समानता के स्थान पर क्षेत्र की समानता को एकता का बन्धन क्यों स्वीकार कर लिया? यह एक सवाल है जिसका कोई संतोषजनक उत्तर विद्यमान नहीं है? परिवर्तन का मूल कारण अज्ञात है। हां, यह स्पष्ट है कि यह परिवर्तन कैसे हुआ?

एक खास अवस्था पर पहुंचने पर प्रारंभिक समाज में एक नियम बना जिसके अनुसार दल बाह्य लोग दल का संबंधी बनकर दल में घुल-मिल सकता था। इस नियम को 'कुलीनता का नियम' कहते थे। यह वही नियम था कि यदि पीढ़ियों की निश्चित सख्या तक कोई दल-बाहर लोग 'दल' से सटा हुआ रहे या दल में विवाह कर ले, तो वह उनका संबंधी हो सकता है। श्री सीभोम ने वेल्स की ग्राम-पद्धति में एक दल - बाहर व्यक्ति के दल का सदस्य बन जाने के जो नियम थे, इन्हें इस प्रकार दिया है -

(1) दक्षिण वेल्ज की अनुश्रुति के अनुसार सिमरू (वेल्ज) में रहना 'पराए' को अन्त में 'सिमरू' बना देता है, लेकिन तभी, जब वह कम-से-कम 9 पीढ़ियां रहे।

(2) साइमरे के अनुसार पीढ़ी-दर-पीढ़ी अन्तर विवाह होते रहने से चौथी पीढ़ी में एक 'पराए' का वंशज 'सिमरू' हो जाता है। दूसरे शब्दों में मूल पराए का पर- पोता, जिसका रक्त हिस्सों में से कम-से- कम हिस्सा सिमरू हो चुका है। 'दल' के अधिक का अधिकारी हो जाता है।

क्या यह बात भारत में नहीं होनी चाहिए थी? यह हो सकती थी - वास्तव में इसे होना चाहिए था। क्योंकि आयरलैंड और वेल्ज के समान एक नियम भारत में भी था। मनु ने इसका उल्लेख किया है। दशवें अध्याय के 64 से 67 तक श्लोकों में मनु का कथन है कि यदि एक शूद्र सात पीढ़ियों तक ब्राह्मण जाति में विवाह करे, तो वह ब्राह्मण बन सकता है। चातुर्वर्ण्य का सामान्य नियम था कि एक शुद्र कभी ब्राह्मण नहीं बन सकता। शूद्र पैदा होता था और शूद्र ही रहकर मर जाता था। वह कभी ब्राह्मण नहीं बन सकता था। लेकिन यह प्राचीन नियम इतना जोरदार था कि मनु को इसे शूद्रों पर लागू करना पड़ा। वह स्पष्ट है कि यदि यह नियम भारत में चालू रहता, तो भारत के छिन्न-भिन्न लोग गांव की बस्तियों में घुल-मिल जाते और उनकी पृथक् बस्तियां न रहतीं। ऐसा क्यों नहीं हुआ? इसका उत्तर यही है कि छुआछूत' के विचार का पलड़ा भारी हो गया और इसने संबंधी तथा असंबंधी दलों और 'दल-बाहर' के भेद अर्थात् 'छूत' और 'अछूत' के भेद को एक दूसरे रूप में स्थायी बना दिया। यह एक नई चीज आ गई जिसने आयरलैंड और वेल्स जैसा तालमेल भारत में नहीं होने दिया। इसका परिणाम यह हुआ कि आज हर गांव में एक अलग बस्ती होना भारतीय गांव का एक जरूरी अंग हो गया।

❒

7. छुआछूत का मूल कारण : नस्लों का अंतर

छुआछूत की मूल क्या है, उत्पत्ति कैसे हुई। जैसे पहले कहा गया, इस विषय में अभी बारीकी से खोज नहीं हुई है। समाज शास्त्र के किसी अध्ययनकर्ता का ध्यान अभी इस ओर आकर्षित नहीं हुआ है। समाजशास्त्रियों से अलग जिन लेखकों ने भारत और उसके लोगों के बारे में लिखा है, उन्होंने कम या अधिक निंदा के साथ 'छुआछूत' की उत्पत्ति की व्याख्या करने की कोशिश की है। लेखक श्री स्टैनले राइस का विचार है

"इस बात की बहुत संभावना है कि अछूत हारे हुए के वंशज हैं। ज्यों-ज्यों जाति और पेशा एक साथ जुड़ती गई, वे डोम, चमार आदि जातियों में गिने जाने लगे। आरंभिक समयों में वे 'दास' बनाकर इन्हीं जातियों में धकेल दिए गए थे। ये आर्यों द्वारा विजित नस्लें नहीं थीं। पैरियान यहां के मूलनिवासी थे, जिन्हें द्रविड़ों ने जीता था और क्योंकि वे अलग नस्ल (race) के थे, इसलिए उन्हें समान जातीय-नियमों में शामिल नहीं किया गया। ऐसा होने से विवाह संबंध अनिवार्य होता, और तब स्वतंत्र घुलना-मिलना होने से नस्ल का अंत होता। लेकिन यह निषेध पूरी तरह नहीं हो सकता। हर चीज के अपवाद होते ही हैं। चार हजार वर्षों में जो समय-समय पर एक नस्ल का दूसरी नस्ल से अनिवार्य रक्त-संबंध हुआ, उसने आदिमवासियों और प्राचीन द्रविड़ों के भेद को मिटा दिया होगा। ये लोग हिन्दू-धर्म में एक प्रकार का निचला दर्जा देकर शामिल कर लिए गये हैं। ये उसी वातावरण में इतने समय से रहे हैं। हिन्दू-धर्म एक साथ ही अत्यंत सहनशील और असहनशील धर्म है। यहां फुसलाया नहीं जाता। जिस प्रकार तुम एक मुसलमान बन सकते हो, उसी प्रकार तुम एक हिन्दू नहीं बन सकते। जो धर्म के अन्तर्गत रहते हैं, उन पर कड़े प्रतिबन्ध लागू होते हैं। लेकिन यह उन आदिम निवासियों का स्वागत करने के लिए सदा तैयार रहा है, जो इस कायदे-कानून को मानने के लिए तैयार हुए, चाहे इसमें उन्हें एक बहुत ही निम्न दर्जा दिया गया, दूर-दूर रखा गया और मन्दिरों में जाने नहीं दिया गया। इसलिए ऐसा लगेगा कि नृवंश - शास्त्र के तर्क निर्णायक नहीं माने जा सकते, जबकि हम इन बातों पर विचार करते हैं, जिनका उनके मूल नस्ल - गत स्वभाव पर प्रभाव पड़ा होगा और जिन्होंने उनके दृष्टिकोण को बदल दिया होगा। इस प्रकार द्रविड़ों ने पैरियान लोगों के साथ वही व्यवहार किया, जो आर्यों ने पराजितों के साथ किया। उन्होंने उन्हें 'दास'

का दर्जा दिया और उन्हें वे काम सौंपे जिनका खुद करना वे अपनी शान के विरुद्ध समझते थे। केवल विवाह ही एक विचारणीय बात नहीं, पैरियान लोगों पर लगे प्रतिबंधों का कारण बहुत हद तक 'निषेध' के छद्म- गुण भी हैं। किसी ऐसे लोग को जिनमें चिह्न समानता है अपने परिवार में शामिल करना सामाजिक मर्यादा के ही विरुद्ध नहीं, इससे उस परिवार पर उसके अपने देवता-विशेष का भी कोप बरस सकता है, और यदि कहीं उसे मन्दिर की पवित्र सीमाओं के भीतर देवता की पूजा करने दिया गया, तब तो आकाश से बरसने वाली प्रलय अग्नि उन्हें जला सकती है। हां, हालाकि वे पूजा में हिस्सा नहीं ले सकते; लेकिन वे ऐसे नीच काम कर सकते हैं, जिनसे पवित्र भवनों के अपवित्र होने का डर न हो। ईसाईयत की भाषा में कहा जाए, तो कहना होगा कि हालाकि एक पैरिया 'वेदी' पर नहीं चढ़ सकता था, 'अर्चन' नहीं कर सकता था, तो भी वह एक शर्त पर घंटी बजा सकता था। वह अपने-आपको संगत में शामिल नहीं समझ सकता था, वह वास्तव में 'संगत' से बाहर था। इस अवस्था में वह संस्कार से अपवित्र था। उसका वह धब्बा न पानी से धुल सकता था, न किसी इस पछतावा से ही, जो निषेध-प्रक्रिया के कारण उस पर लगा हुआ था। उसका स्पर्श करना और दूर से व्यवहार के अलावा उससे किसी प्रकार का व्यवहार रखना, मानो एक प्रकार के जादू से अपवित्र हो जाना है। आप उससे अपना खेत जुतवा सकते हैं, क्योंकि उसमें आज्ञा देने के अलावा आपको उससे और कोई सरोकार नहीं रखना पड़ता। उसके सिर पर 'अपवित्र' की मोहर लगी है और वह वैसी ही उसके साथ पैदा हुई जैसे उसकी नसों का रक्त। इस प्रकार भारतीय समाज ने उसे 'अपवित्र' और 'पतित' तो माना ही था; वह उन पेशों के कारण जो उसके लिए छोड़े गए, और भी अधिक पतित तथा दूसरों को अपवित्र बनाने वाला हो गया। "

श्री राइस के इस विचार के वास्तव में दो भाग हैं। उनके विचार के अनुसार 'छुआछूत' दो बातों से उत्पन्न हुआ है- 'नस्ल' और पेशा। यह स्पष्ट ही है कि इन दोनों बातों पर पृथक-अलग विचार करना होगा। इस अध्याय में हम उनके विचार पर अर्थात् छुआछूत का मूल कारण नस्ल होने के संबंध में विचार करेंगे।

श्री राइस के नस्ल-सिद्धांत में दो पहलू हैं-

(1) अछूत अनार्य हैं, अद्रविड़ हैं, मूल - वासी हैं।

(2) वे द्रविड़ों द्वारा पराजित हुए और अधीन बनाए गये।

इस पर विचार करने बैठते हैं, तो भारत पर विदेशी आक्रमणकारियों के आक्रमण, उनकी विजय और उससे उत्पन्न सामाजिक और सांस्कृतिक संस्थाएं सभी सवाल सामने आते हैं। श्री राइस के विचारानुसार भारत पर दो आक्रमण हुए हैं। पहला आक्रमण द्रविड़ों का है। उन्होंने अद्रविड़ मूल निवासियों को वर्तमान अछूतों के पूर्वजों को जीता और उन्हें 'अछूत' बनाया। दूसरा आक्रमण, भारत पर आर्यों का आक्रमण है। आर्यों ने द्रविड़ों को जीता। वह यह नहीं

बताते की विजयी आर्यों ने विजित द्रविड़ों के साथ कैसा व्यवहार किया? यदि उन्हें उत्तर देने के लिए मजबूर किया जाए, तो शायद वे कहें कि आर्यों ने उन्हें 'शूद्र' बना दिया। यह तो एक बनी-बनाई श्रृंखला हाथ लग गई है। द्रविड़ों ने आक्रमण किया और मूलवासियों को 'अछूत' बनाया। यह विचार मशीन - मत है, एक कल्पना मात्र, इतना अधिक बचपन लिये हुए कि इससे शूद्रों और अछूतों की उत्पत्ति के सम्बन्ध में जो उलझे अनगिनत सवाल है ही रह जाते है और समाधान नहीं हो सकता।

प्राचीन इतिहास के अध्ययनकर्ता जब अतीत में डुबकी लगाते हैं, तो उन्हे चार नाम प्रायः मिलते हैं। आर्य, द्रविड़, दास और नाग। इन नामों का क्या अर्थ? इस सवाल पर कभी विचार नहीं किया गया। क्या ये आर्य, द्रविड़, दास और नाग चार अलग-अलग नस्लों के चार नाम हैं या एक ही नस्ल के चार नाम हैं? सामान्य मान्यता है कि ये चार अलग नस्लें हैं या एक ही श्री राइस के विचार के समान विचारों का आधार है। यह विचार हिन्दू-समाज की रचना, विशेष रूप से इसके वर्गीय आधार की व्याख्या करने का कोशिश है। इस प्रकार के विचार को स्वीकार करने से पहले उसके आधार की परीक्षा कर लेनी होगी।

हम 'आर्यों' से आरंभ करें, तो यह निर्विवाद है कि वे एक ही जाति के लोग नहीं थे। वे दो हिस्सों में विभक्त थे, यह निर्विवाद है। यह भी निर्विवाद है कि दोनों की दो अलग संस्कृतियां थीं। दोनों में एक को हम ऋगवेदीय आर्य कह सकते हैं, और दूसरे को अथर्ववेदी आर्य। इनके बीच की सांस्कृतिक खाई एकदम पूरी-पूरी मालूम होती है। ऋग्वेदीय आर्य यज्ञों में विश्वास करते थे, अथर्ववेदीय जादू-टोने में। उनकी पुराण कथाएं अलग-अलग थीं। ऋग्वेदीय आर्य प्रलय और मनु से सृष्टि की उत्पत्ति में विश्वास करते थे। अथर्ववेदीय आर्य 'प्रलय' में विश्वास नहीं करते थे। वे नानते थे कि उनकी नस्ल ब्रह्मा या प्रजापति से उत्पन्न हुई। उनके साहित्यिक विकास के भी अलग-अलग रास्ते थे। ऋग्वेदीय आर्यों ने ब्राह्मण सूत्र तथा आरण्यकों की रचना की। अथर्ववेदियों ने उपनिषदों, की रचना की। यह साहित्यिक संघर्ष इतना बड़ा था कि ऋग्वेदीय आयों ने लंबे समय तक न अथर्ववेद को पवित्र साहित्य माना और न उपनिषद् को। जब उन्होंने उपनिषदों को स्वीकार भी किया, तो उसे 'वेदान्त' कहा। आजकल 'वेदान्त' शब्द का अर्थ 'वेद' का सार किया जाने लगा है। लेकिन इसका प्राचीन अर्थ रहा है 'वेद के अन्त में', 'वेद की सीमा के बाहर', वेद के सदृश्य पवित्र नहीं। वे इसके अध्ययन को प्रतिकूल अध्ययन मानते थे। हम नहीं जानते थे कि आर्यों के ये तीनों विभाग दो अलग-अलग नस्लें थीं या नहीं? हम यह भी नहीं जानते कि 'आर्य' किसी नस्ल का ही नाम रहा है? इसलिए इतिहासकार जो यह मानकर चले हैं कि आर्य एक अलग 'नस्ल' थे, यह उनकी गलती हुई है।

उससे भी बड़ी गलती 'दासों' को 'नागों' से अलग करना है। 'दास' और 'नाग' एक ही हैं। दास, नागों का केवल दूसरा नाममात्र है। यह समझना कठिन नहीं है कि वैदिक वाङ्मय में

'नागों का ही नाम 'दास' क्यों पड़ गया? 'दास' भारतीय ईरानी शब्द 'दाहक' का संस्कृत रूप है। नागों के राजा का नाम 'दाहक' था, इसलिए आर्यों ने नागों के राजा के नाम पर सभी नागों को सामान्य रूप से 'दास' कहना आरंभ किया।

नाग कौन थे? निस्संदेह वे अनार्य थे। वैदिक वाङ्मय को ध्यान से देखने से उसमें एक विरोध और द्वैत की भावना तथा दो तरह की संस्कृतियों और दो विचारधाराओं के बीच उहापोह की भावना साफ तौर पर दिखाई देती है। ऋग्वेद में हमारा परिचय आर्य देवता इन्द्र के शत्रु अहि पुत्र (सर्प देवता) से होता है। बाद में यह सर्प-देवता नाग नाम से इतना अधिक प्रसिद्ध हुआ लेकिन आरम्भिक वैदिक वाङ्मय् मे 'नाग' दृष्टिगोचर नहीं होता, और जब यह शतपथ ब्राह्मण (11, 2, 7, 12) में प्रथम बार आता है, तो यह स्पष्ट नहीं होता कि नाग का मतलब एक बड़ा 'सांप' है या एक बड़ा 'हाथी' लेकिन इससे अहि-वृत्र का स्वरूप नहीं ढकता, क्योंकि ऋग्वेद में उसका स्वरूप हमेशा एक पानी में या उसके चारों ओर छिपे तथा आकाश और पृथ्वी के जल पर समान रूप से अधिकार किए हुए सर्प का है।

अहि-वृत्र संबंधी वेद-मन्त्रों से यह स्पष्ट है कि आर्य उनकी पूजा नहीं करते थे। वे उसे आसुरी- प्रकृति का एक शक्तिशाली देवता मानते थे, जिसे परास्त करना ही इष्ट था।

ऋग्वेद में नागों का नाम आने से यह स्पष्ट था कि नाग एक बहुत ही प्राचीन जाति थी। यह भी याद रखने की बात है कि नाग न तो आदिवासी थे और न असभ्य। इतिहास नागों और राज परिवारों के बीच निकट वैवाहिक संबंधों का भी गवाह है।

कदम्ब नरेश कृष्ण वर्मा के देवगिरि शिला - लेख के अनुसार कदम्ब कुल के आरंभ का नागों से संबंध था। नवीं शताब्दी के राजकोट के दान-पत्र में अश्वत्थामा के एक नाग कन्या के साथ विवाह का उल्लेख है। उन्हीं की संतान स्कंद शिष्य ने पल्लव वंश की स्थापना की। नवीं शताब्दी के ही एक दूसरे पल्लव शिलालेख के अनुसार वीरकूर्च पल्लव वंश का राजा था। इसी शिलालेख में लिखा है कि उसने एक नाग कन्या से विवाह किया था और उससे उसे राज - चिन्ह मिला था। वाकाटक नरेश प्रवरसेन के पुत्र गौतमी - पुत्र का भार शिव - नरेश भवनाग की कन्या के साथ विवाह करना एक ऐतिहासिक घटना है। इसी प्रकार चन्द्रगुप्त द्वितीय का नागकुल की कुबेनाग नामक कुमारी से विवाह हुआ। एक तमिल कवि का कहना है कोक्किल्ली नाम के एक प्राचीन चोल नरेश ने एक नागकुमारी से विवाह किया था। राजेन्द्र चोल को भी अपनी तेजस्विता के कारण एक नाग - कन्या का पाणिग्रहण करने का श्रेय दिया जाता है। 'नवसाहङ्क-चरित' में परमार नरेश सिन्धुराज (जिसने दसवीं शताब्दी के प्रथम भाग में राज्य किया होगा) और शशिप्रभा नामक नागकन्या के विवाह का इस विस्तार और ऐसी यथार्थता से वर्णन है कि हमें लगभग यह विश्वास ही हो जाता है कि इस कथन का कुछ-न-कुछ ऐतिहासिक आधार अवश्य होगा। 1030-973 (वि.सं.) के हर्ष के शिलालेख से हमें इस

बात का पता लगता है कि गुवाक प्रथम 'नागों और कुमारों की सभाओं में वीर रूप से प्रसिद्ध था।' यह नरेश विग्रराज छहमान से ऊपर है कि वह नवीं शताब्दी के मध्य में राज्य करता रहा होगा। उड़ीसा के भौमन वंश के शान्तिकर का समय 921, ई. के आसपास समझना चाहिए।

नाग-सांस्कृतिक विकास की ऊंची अवस्था को प्राप्त थे, इतिहास से यह भी मालूम होता है कि वह देश के एक बड़े भू-भाग पर राज्य भी करते थे। पूरा महाराष्ट्र नागों का घर है। यहां के लोग और यहां के राजा नाग थे।

कई प्रमाणों से यह अनुमान लगता है कि ईसा की आरंभिक शताब्दियों में आन्ध्र देश और उसका पड़ोस नागों के अधीन था। सातवाहनों और उनके ऋतुकुल सातकर्णी उत्तराधिकारियों का रक्त नाग- रक्त ही था। जैसा डॉ. एच. सी. राय चौधरी ने निर्देश किया है कि सातवाहन वंश के पौराणिक प्रतिनिधि सालीहरण को पूनिया शतपुकलिला ने ब्राह्मण और नाग के मेल से उत्पन्न स्वीकार किया है। उनकी वंशावलियों में जो नमूने के 'नाग' मिलते हैं, उससे यह बात पर्याप्त रूप से सिद्ध हो जाती है। अनेक घटनाओं से यह भी सिद्ध होता है कि सातवाहन राज्य के अन्तिम दिनों में नाग बहुत शक्तिशाली हो गए थे। सातवाहन वंश की मुख्य आशा के अन्तिम नरेश पुलुमवी के राज्य-काल में स्कंद नामक राजा राज्य करता था। दूसरे एक छुतु-नरेश की कन्या नाग मुलानिका के बारे में उल्लेख है कि उसने शिव कन्द नाग-श्री नाम् के अपने पुत्र के साथ एक नाग को भेंट दी, वंश के सभी मालूम नरेशों के नाम वही हैं। इससे नागों से निकट संबंध सिद्ध होता है। तीसरे, सोरिनगोई की राजधानी उरगपुर के नाम से यह बात झलकती है कि यह किसी नाग राजा का अलग-अलग राज्य नहीं था लेकिन उस चिर-काल स्थित प्रदेश में वह नागों का एक उपनिवेश था।

सिंहल और स्याम की बौद्ध अनुश्रुति से भी हमें मालूम होता है कि कराची के पास 'मजेरिक' नाम का एक नाग प्रदेश था।

तीसरी और चौथी शताब्दी के आरंभिक हिस्से में उत्तर भारत भी अनेक नाग नरेशों द्वारा शासित रहा है। यह बात पुराणों, प्राचीन सिक्कों तथा प्राचीन लेखों-तीनों से सिद्ध होती है। विदिशा (वर्तमान भिलसा) के तीन स्वतंत्र प्रदेश- चम्पावती पद्मावती और मथुरा तीनों का स्पष्ट रूप से ऐसा उल्लेख मिलता है कि उनके महत्त्वपूर्ण होने में किसी तरह का सन्देह नहीं रह जाता। भारशिव वंश के एकमात्र मालूम नरेश का नाम भवनाग भी नागों से ही संबंध जोड़ता मालूम होता है। यहां सम्भव नहीं है कि हम द्वितीय- समूह के सिक्कों के विवाद में उतर सकें या इन पौराणिक राजाओं के साथ अच्युत गणपति नाग इलाहाबाद-स्तंभ के नागसेन को मिल सके।

प्राचीन भारतीय इतिहास में जितने नागों का उल्लेख है, उनमें से चतुर्थ शताब्दी के नाग परिवार सबसे अधिक महत्त्वपूर्ण और ऐतिहासिक दृष्टि से आधार मालूम होते हैं। हमें पता

नहीं कि लाहौर की ताम्र- मुद्रा के नाग-भट्ट और उनके पुत्र महाराज मौहेश्वर नाग उक्त तीन परिवारों में से किसी एक के थे या उनका एक और अलग नाग-परिवार था। लेकिन इन सबसे डॉ. सी.सी. राय के निष्कर्ष का समर्थन होता है कि उत्तर भारत में चतुर्थ शताब्दी के कुषाण - राज्यों को नव-नागों ने जीत लिया, तो वह लुप्त हो गए। ये नाग उत्तरायन के अलग-अलग प्रदेशों में राज्य करते रहे होंगे। पीछे तो उन्हें भी समुद्रगुप्त की सेनाओं ने परास्त कर दिया था।

जो हो, स्कन्दगुप्त के समय तक, हम एक सर्वनाग को अंतर्वेदी का गर्वनर पाते हैं। सौराष्ट्र के आस- पास विशेष रूप से भरुकच्छ में छठी शताब्दी तक नागों के एक विद्रोह को बुरी तरह दबाया था। 570 ई. में दटटाप्रथम गुर्जर ने नागों को उखाड़ फेंका। इन्हें त्रिहुल्लक या भरूच के द्वारा शासित जंगल के लोग माना गया है। ध्रुवसेन द्वितीय के 645 ई. के दान-पत्र में प्रभात श्रीनाग का दूतक के तौर पर उल्लेख है।

नवीं शताब्दी में नागों को विशेष रूप से मध्यभारत में दूसरी बार फिर महत्त्व प्राप्त हुआ। 1800 ई. में कौशल - स्थित श्रीपुर के महाराज तीव्रदेव ने एक नाग वंश को हराया। इसके कुछ समय बाद हमें बंगाल के शिला लेखों में भी नागों के दो उल्लेख मिलते हैं। महामाण्डलिक ईश्वर घोष के राजगंज का लेखाधिकारी एक घोषनाग परिवार से हमें परिचित कराता है। इसे ग्यारहवीं शताब्दी में माना गया है। बारहवीं शताब्दी के हरिवमदेव के मन्त्री भट्ट भवदेव की भुवनेश्वर - प्रशस्ति में भी उसके द्वारा नागों के विनाश का उल्लेख है। रामचरित्र मानस में भी रामपाल द्वारा भवभूषण - सन्तति के राज्य उत्कल की विजय का उल्लेख किया है। लेकिन यहां स्पष्ट नहीं है कि वे नाग थे या चंद्र। अधिक संभावना यही है कि ये नाग ही थे, क्योंकि वे ही अधिक प्रसिद्ध थे।

दसवीं से बारहवीं शताब्दी तक सेन्ट्रक, सिन्द या छिन्दक - परिवार की अलग-अलग शाखाएं धीरे- -धीरे मध्यभारत के विशेष रूप से बस्तर में अलग-अलग भू-प्रदेशों में फैल गई। दसवीं शताब्दी के शिलालेखों में बेगुर के नागरक्षों का भी वर्णन है। वे पश्चिम गंग के राजा एरियप्पा की ओर से वीर महेंद्र के विरुद्ध लड़े और युद्ध में यश प्राप्त किया। यदि 'भवसाहसांक - चरित्र' की साक्षी सही स्वीकृत की जाए, तो सिन्धुराज परमार की रानी का पिता नाग-नरेश इसी समय के आस-पास नर्मदा के तट पर रत्नावटी में राज्य करता रहा होगा।

द्रविड़ कौन हैं? क्या वे नागों से अलग हैं? या क्या ये एक ही नस्ल के लोगों के दो अलग नाम हैं? प्रचलित धारणा या विचार है कि द्रविड़ और नाग दो अलग नस्लें थीं। यह विचार लोगों को अनोखा लगेगा, लेकिन तो भी यही बात सही है कि द्रविड़ और नाग केवल दो अलग नाम हैं, नस्ल एक ही है।

बहुत थोड़े लोग इस बात को स्वीकार कर सकेंगे कि द्रविड़ और नाग एक ही नस्ल के दो अलग नाम हैं, और उससे भी कम लोग यह स्वीकार करेंगे कि 'नागों' के रूप में द्रविड़ों ने

केवल दक्षिण- भारत पर लेकिन उत्तर और दक्षिण- सारे भारत पर अधिकार रखा है। लेकिन यह ऐतिहासिक सत्य है। इस समय विद्वानों का क्या विचार है? एक प्रसिद्ध पण्डित श्री दीक्षितय्यर ने 'रामायण में दक्षिण भारत' शीर्षक के अपने लेख में लिखा है -

"नाग-एक दूसरा दल जो कि अर्ध- अलौकिक है, और जिनका जातीय चिह्न सर्प है, पश्चिम उत्तर में तक्षशिला से लेकर उत्तर पूर्व में असम तक और सिंहल तथा दक्षिण भारत में भी इस प्रकार सारे भारत में फैले थे, एक समय वे शक्तिशाली रहे होंगे। या तो यक्षों (यकवों) के समकालीन या राजनीतिक सत्ता के तौर पर उनके पतन के बाद दक्षिण-भारत में नागों की प्रधानता हुई। न केवल सिंहल लेकिन प्राचीन मलाबार के प्रदेशों पर भी प्राचीन नागों का अधिकार था। ईसा के बाद की आरंभिक शताब्दियों के तमिल ग्रन्थों में प्रायः नागनदु का उल्लेख आता है। अभी भी मलाबार में नाग-पूजा के अवशेष जैसे-तैसे चले आ रहे हैं। दक्षिण त्रावणकोर का नागर- कोविल आज भी नाग-पूजा को समर्पित है। उनके बारे में इतना ही कहा जा सकता है कि नाग समुद्री लोग थे। उनकी स्त्रियां सौन्दर्य के लिए प्रसिद्ध थीं। ऐसा लगता है कि नाग चेरों में घुल-मिल गए थे, जिन्होंने ईसा की प्रथम शताब्दी के आस-पास शक्ति और प्रसिद्धि प्राप्त की।"

श्री ओल्डहम ने इस विषय का गहरा अध्ययन किया है। उनके निम्न कथन से इस विषय पर और प्रकाश पड़ता है।

"प्राचीन समय से द्रविड़ लोग तीन भागों में बंटे रहे हैं- चेरु, चोल तथा पाण्डय। चेर या सैर (प्राचीन तमिल में सरे) 'नाग' का पयार्याची है चैरमण्डल, नागदीप व नागप्रदेश। इससे स्पष्ट तौर पर यह झलकता है कि दक्षिण के द्रविड़ों की उत्पत्ति 'असुरों से हुई है। इसके अलावा अभी भी गंगा घाटी में कुछ ऐसे लोग चारों और फैले हुए हैं जो अपने आपको चेरु या सिओरी कहते हैं और जिनका कहना है कि वह नाग देवता के वंशज हैं। चेरु बहुत प्राचीन नस्ल के हैं। ऐसा विश्वास किया जाता है कि गंगा की घाटी के एक बड़े हिस्से पर उनका अधिकार रहा है, जिस पर प्राचीन काल में नागों का अधिकार था। मुस्लिम आक्रमण के अशान्त दिनों में चेरु अपनी भूमि से अधिकार से वंचित हो गए थे। अब ये एकदम निर्धन हैं और उनके पास भूमि है ही नहीं। इसमें जरा सा भी सन्देह नहीं हो सकता कि ये लोग अपने द्रविड़ - बन्धु चेरों के संबंधी हैं।

चेरुओं में कई विशेष रीति-रिवाज हैं। उनमें एक ऐसा है जो लिच्छवियों और नेपाल के नेवारों से उनका संबंध जोड़ता मालूम होता है। यह है, पांच या छः घरों पर एक 'राजा' का चुना जाना, और तिलक आदि से उसका राज्याभिषेक करना। लिच्छवियों तथा नेवारियों दोनों में बहुत से ऐसे रीति- रिवाज हैं, जो दक्षिण के द्रविड़ों के समान हैं। हर सांप की पूजा करता है। करकोटक नाग का नेपाल में वही स्थान है, जो नील नाग का कश्मीर में। लिच्छवियों की

राजधानी वैशाली का भी एक नाग ही रक्षक देवता था। लिच्छवियों और नेवारों के विवाह संबंध तमिल लोगों के बहुत समान हैं, और उनके समान उत्पत्ति की बात पर बहुत प्रभाव पड़ता है।

नेवारों में जायदाद पर मातृ-पक्ष के अनुसार अधिकार होता रहा है, जैसे कि कभी पंजाब के अरट्ट, बहिक और तखस लोगों में था। उनमें उनका अपना पुत्र उत्तराधिकारी न होकर उनकी बहन का बेटा उत्तराधिकारी होता था। यह अभी तक एक द्रविड़ -रिवाज है। थोड़े में कहना हो, तो इसी युग के एक द्रविड़ लेखक श्री बालकृष्ण नैय्यर का कहना है कि उन्हें उनके लोग 'लगभग हर खास बात में नेवारियों के सगे-संबंधी लगते हैं।

इनके अलावा दूसरी कड़ियां भी हैं जो दक्षिण के नागों को उत्तर के लोगों के साथ मिलाती हैं। चम्बल नदी के करीब कंसवाह में कर्नल टाड को मिले एक शिलालेख के अनुसार 'शैलेन्द्र' नाम का एक राजा ताख्यों पर राज्य करता था, जो सरय जनजाति का था। यह 'दल' शक्तिशालियों के दल में प्रसिद्ध था। यह तख्य या तख पंजाब का वही राज्य था, जहां ह्वेनसांग आया था और जिसका पहले उल्लेख हो चुका है। इससे ऐसा मालूम होता है कि तर के 'नाग' लोग 'सरय' भी कहलाते थे।

फिर बाह्य - हिमालय में, सतलज और व्यास की घाटी के बीच, सरज या स्योरेज नाम का एक प्रदेश है। इसमें नाग-देवताओं की विशेष पूजा होती है।

ऊपरी चिनाब घाटी में एक दूसरा 'स्योरज' है। वहां भी नाग-पूजक लोग ही रहते हैं।

'सरज' या 'स्योरज' कर्नल टाड के शिलालेख का 'सरय' ही मालूम होता है। गंगा की घाटी के 'चेरु' लोगों का दूसरा नाम 'स्योर' भी यही है। चेर या नाग लोगों का पुराना तमिल नाम 'सरे' भी यही लगता है। इसलिए यह स्पष्ट है कि 'सरय' या 'तख्य' सतलज उपत्यका के 'सरज', गंगा के. स्योरि या चेरु और दक्षिण के चेर, सेर व केरल- सभी नाग-पूजक लोगों की अलग-अलग शाखाएं हैं।

इस बात की ओर भी ध्यान दिया जा सकता है कि हिमालय प्रदेश की कुछ बोलियों में 'किर' या 'किरी' का अर्थ सांप है। इसी शब्द से 'किरात' शब्द बना हो। 'राजतरंगिणी' में हिमालय के लोगों के लिए इस शब्द का बहुत प्रयोग होता है। यह शब्द कश्मीर के या उसके आस-पास के लोगों के लिए आया है। बराहमिहिर ने भी 'किरों' का उल्लेख किया है। प्रो. कील हार्न द्वारा प्रकाशित एक ताम्र-पत्र में भी इसका उल्लेख है।

कांगड़ा घाटी में बैजनाथ मंदिर है। वहां के एक शिलालेख में उस स्थान का नाम 'किरग्राम' है। स्थानीय बोली में इसका अर्थ है सांपों का गांव। नाग अभी बैजनाथ और आस-पास के सारे प्रदेश का जन-प्रिय देवता है और इस प्रकार कीरा (कीड़ा) शब्द नाग का पयार्यवाची है। अतः इसमें कुछ संदेह नहीं रह जाता कि हिमालय के सर्पपूजक किरा दक्षिण के द्रविड़ केर, चेर या केरल के संबंधी थे।

नाम की समानता हमेशा विश्वसनीय नहीं होती, लेकिन हमारे पास कुछ और भी है। ये लोग जिनके नाम एक ही है, सभी सूर्यवंशी हैं। सभी मनियर नाग को मानते हैं और सभी नाग देवताओं को अपना पूर्वज मान उनकी पूजा करते हैं।

ऊपर के कथन से यह लगभग निश्चित है कि दक्षिण के द्रविड़ उसी परम्परा के हैं, जिस परम्परा के उत्तर के नाग और असुर।

इससे यह स्पष्ट है कि नाग और द्रविड़ एक ही जाति के हैं। इतने प्रमाण होने पर भी, संभव है, लोग इस विचार को स्वीकार न करें। इस विचार को स्वीकार करने में जो सबसे बड़ी कठिनाई है, वह दक्षिण के लोगों के द्रविड़ नाम की है। उनके लिए यह पूछना स्वाभाविक होगा कि यदि दक्षिण के लोग 'नाग' ही हैं, तो केवल वे ही 'द्रविड़' क्यों कहलाते हैं? आलोचक अवश्य पूछेंगे कि यदि 'द्रविड़' और 'नाग' एक ही लोग हैं, तो दक्षिण के लोगों के लिए भी 'नाग' शब्द का ही प्रयोग क्यों नहीं हुआ? इसमें कोई संदेह नहीं कि यह एक गुत्थी है। लेकिन यह कोई ऐसी गुत्थी नहीं जो सुलझाई न जा सके। यह सुलझ सकती है यदि कुछ बातों को ध्यान में रखा जाए।

पहली बात जो ध्यान देने की है, यह भाषा-संबंधी स्थिति है। आज दक्षिण की भाषा उत्तर की भाषा से अलग है। क्या यह हमेशा से है? इस सवाल पर श्री ओल्डहम के विचार ध्यान देने योग्य हैं।

यह स्पष्ट है कि प्राचीन संस्कृत व्याकरण द्रविड़ प्रदेशों की भाषा को उत्तर बोलियों से संबंधित मानते थे, और उनकी सम्मति में इनका उन लोगों की भाषा से विशेष संबंध था, जो जैसा हमने देखा है, असुरों के वंजश मालूम होते हैं। उस प्रकार सहस्त्रचंद्रिका में लक्ष्मीधर का कथन है कि पाण्ड्य, केकय, बाहुलीक, सह्य तथा नेपाल पैशाची देशों में पैशाची भाषा बोली जाती है। कुन्तल, सुदेश, भोट, गन्धार, हैव और कनोजन ये पैशाची देश हैं। सब बोलियों में पैशाची में संस्कृत का सबसे कम अंश है।

"असुर आरंभ में आर्यों से अलग कोई भाषा बोलते थे, यह स्पष्ट है। प्रो. म्यूर ने ऋग्वेद से बहुत- से अनुच्छेद उद्धृत किए हैं, जिनमें असुरों को भाषा के लिए 'मृहवाध' शब्द का प्रयोग किया गया है, 'मृहवाध' जिसका मेरा अर्थ 'हानि प्राप्त बोली' है सायण के अनुसार उन लोगों की बोली है, जिनकी जिह्वा नष्ट हो गई है। इसमें संदेह नहीं कि इस शब्द का मूल अर्थ यही रहा है कि असुरों की भाषा आर्यों को कम या अधिक मात्रा में समझ में नहीं आती रही है। ऋग्वेद के दूसरे अनुच्छेद पर भी यही व्याख्या ठीक उतरती है, जिसमें कहा गया है कि हम इंद्र को प्रसन्न कर अपशब्द बोलने वालों को जीत ले।"

सतपथ ब्राह्मण में लिखा है कि "असुरों को वाणी न होने से वे कहीं के नहीं थे। हेलव-'हेलव' चिल्लाते थे। उनकी वाणी ऐसी ही अबोधगम्य थी। और जो इस प्रकार बोलता है, वह

म्लेच्छ है। इसलिए कोई ब्राह्मण बर्बर-भाषा न बोले, क्योंकि यह असुरों की भाषा है।

मनु ने लिखा जो ब्रह्मा के मुंह, बांह, जांघ और पैरों से उत्पन्न वर्गों से बाहर के हैं, चाहे वे म्लेच्छ- भाषा बोलें, चाहे आर्य-भाषा, वे दस्यु हैं। इससे स्पष्ट है कि मनु के समय में आर्यभाषा साथ-साथ म्लेच्छ या असुरों की भाषा भी बोली जाती थी। तो भी, महाभारत में जिस समय का उल्लेख किया गया है, आर्य-प्राण जातियों में असुर भाषा लगभग मर गई होगी। विदुर ने जब युधिष्ठिर को संबोधित कर कहा, तो म्लेच्छ-भाषा का उपयोग किया, जिसे युधिष्ठिर के अतिरिक्त और कोई समझ न सके।

इसके बाद के समय में राम तर्क वागीश वैयाकरण ने 'नाग भाषाएं' बोलने वालों का उल्लेख किया है। इससे अनुमान होता है कि अपरिवर्तित असुरों ने अपने बदल गए भाइयों को बहुत बाद तक अपने धर्म और अपने परम्परागत रीति-रिवाजों की रक्षा की। इन्हीं अपरिवर्तित जातियों में ही पैशाची बोलियों का उपयोग होता था, और जैसा हम अभी देख चुके हैं, उन्हीं जातियों में द्रविड़ - पाण्ड्य थे।

"तमिल और दूसरी संबंधी बोलियों का आधार प्राचीन असुर भाषा ही है। इस बात का समर्थन इससे भी होता है कि सिन्ध सीमा पर रहने वाली 'ब्राई' नाम की एक जाति की भाषा उनकी भाषा के बहुत ही करीब सिद्ध हुई है। डॉ. काल्डवैल का कहना है कि 'ब्रुहाई' नाम की एक जाति की भाषा के कारण, हम द्रविड़ नस्ल के चिन्ह को सिन्ध पार मध्य एशिया के दक्षिण तक खोज सकते हैं।" यह प्रदेश असुरों या नागों का घर था। द्रविड़ - राज्यों के संस्थापक बहुत हद तक इसी नस्ल के रहे होंगे।

"जितने भी प्रमाण एकत्र किए हैं, उन पर विचार करने से यही परिणाम निकलता है कि दक्षिण के द्रविड़ और उत्तर के असुर या नाग एक ही परम्परा के लोग हैं।"

दूसरी बात ध्यान देने की यह है कि 'द्रविड़' एक मौलिक शब्द नहीं है। यह 'तमिल' शब्द का संस्कृत रूप है। मूल शब्द 'तमिल' जब संस्कृत में आया, तो वह 'दमिल हो गया और 'दमिल' ही 'द्रविड़ बन गया। 'द्रविड़' शब्द लोगों की भाषा का नाम है। उससे किसी नस्ल' का बोध नहीं होता।

तीसरी बात जो याद रखने की है कि 'तमिल' या 'द्रविड़ केवल दक्षिण भारत की ही भाषा नहीं थी, किंतु आर्यों के आगमन से पहले समस्त भारत की भाषा थी, और कश्मीर से रामेश्वरम् तक बोली जाती थी। अगली बात जो ध्यान देने की है, वह आर्यों और नागों का संबंध और नागों तथा उनकी भाषा पर इसका जो प्रभाव पड़ा, वह है। यह विचित्र बात लगेगी, लेकिन इस संबंध का उत्तर के नागों पर जो प्रभाव पड़ा, वह उस प्रभाव से बिल्कुल अलग था जो दक्षिण भारत के नागों पर पड़ा। उत्तर के नागों ने अपनी मातृ-भाषा 'तमिल' को छोड़ दिया और संस्कृत को अपना लिया। दक्षिणों के नाग अपनी मातृ-भाषा तमिल से चिपटे रहे और आर्यो

की संस्कृत भाषा को नहीं अपनाया। यदि यह भेद ध्यान तमिल से चिपटे रहे तो उससे इस बात के समझने में सहायता मिलेगी कि 'द्रविड़' नाम केवल दक्षिण भारत के ही लोगों पर क्यों लागू हुआ? उत्तर भारत के नागों को 'द्रविड़' नाम से संबोधित करने की आवश्यकता जाती रही थी, क्योंकि वे द्रविड़ भाषा बोलना भूल चुके थे। लकिन जहां तक दक्षिण के नागों की बात है, उन्हें 'द्रविड़' कहने का औचित्य दो कारणों से बना रहा। एक तो यह कि वह 'द्रविड़ भाषा से चिपटे रहे, दूसरे उत्तर के नागों के उसे छोड़ देने के बाद केवल वे ही ऐसे लोग रह गए थे, जो 'द्रविड़' भाषाएं बोलते थे। यहां वास्तविक कारण है कि दक्षिण के लोग 'द्रविड़' क्यों कहलाए।

दक्षिण के लोगों के लिए 'द्रविड़' शब्द का विशेष प्रयोग होने से यह बात ओझल नहीं होनी चहिए कि 'नाग' और 'द्रविड़' एक ही लोग हैं। वे एक ही जन-समुदाय के दो अलग नाम हैं। नाग उनकी जातिगत-संस्कृतिगत नाम हैं, और 'द्रविड़ भाषा- गत।

इस प्रकार 'दास' वे ही हैं जो नाग हैं और नाग वे ही हैं जो 'द्रविड़'। दूसरे शब्दों में हम भारत की नस्लों के संबंध में इतना ही कह सकते हैं कि अधिक-से-अधिक दो नस्लें ही रही हैं - आर्य और नाग। स्पष्ट ही है कि श्री राइस का विचार निराधार सिद्ध होता है। यह विचार भारत में तीन नस्लों को स्वीकार करता है, जबकि वास्तव में दो ही नस्लें रही हैं।

यदि यह स्वीकार भी कर लिया जाए कि 'द्रविड़ों के आगमन से पहले एक तीसरी आदिवासी जाति भारत में रहती थी, तो क्या यह कहा जा सकता है कि ये द्रविड़ - पूर्व आदिवासी वर्तमान 'अछूतों के पूर्वज थे? सत्य बात का पता लगाने के लिए हमारे पास दो आधार हैं- एक 'मानव शरीर शास्त्र - संबंधी (Anthropological) और दूसरी नस्ल (Ethnological)।

भारतीय लोगों के बारे में मानव - शरीर शास्त्र की दृष्टि से विचार करने पर प्रो. घुरे ने अपने 'भारत में जाति और नस्ल' नामक ग्रंथ में कुछ ध्यान आकर्षित करने वाली बातें कहीं हैं। जैसे- "संयुक्त प्रान्तों के ब्राह्मण को प्राचीन आर्यों का एक नमूना प्रतिनिधि मानकर हम उसी से तुलना करना आरंभ करते हैं। यदि हम नासिका के मापदंड की ओर ध्यान दें, तो ऐसा मालूम होता है कि संयुक्त प्रान्त के क्षत्रिय को छोड़कर वह पंजाब के चूहड़े और खत्री की अपेक्षा छोटा पड़ता है। चूहड़े और खत्री के नासिका-माप का भेद संयुक्त प्रान्त के ब्राह्मण और पंजाब के चूहड़े के भेद से कुछ ही कम है। इसका अर्थ हुआ कि संयुक्त प्रान्त का ब्राह्मण शारीरिक दृष्टि से अपने प्रान्त के क्षत्रिय की बहुत ऊंची जाति के अलावा शेष सभी जातियों की अपेक्षा पंजाब के चूहड़े और खत्री के अधिक करीब है। संयुक्त प्रांत के ब्राह्मण और पंजाब के चूहड़े का सामीप्य और भी अधिक स्पष्ट हो जाता है, यदि हम संयुक्त प्रांत के ब्राह्मण तथा अन्य प्रदेशों के ब्राह्मणों के नासिका - मापों पर विचार करें। संयुक्त प्रान्त के ब्राह्मण और बिहार के ब्राह्मण का माप आर्य-संस्कृति के प्रचार के हिसाब से सोचा जाय, तो शायद बहुत समान होना

चाहिए। लेकिन उसमें इतना ही भेद है, जितना संयुक्त प्रान्त के ब्राह्मण और पंजाब के चूहड़े में। ऐतिहासिक आधार पर हम समझते हैं- बिहार को संयुक्त प्रान्त के आस-पास होना चाहिए। लेकिन अनुक्रमणिका की ओर देखने से पता लगता है कि कुर्मी ब्राह्मण के समीप है, और चमार तथा डोम बहुत दूर हैं। लेकिन यहां चमार ब्राह्मण से उतना दूर नहीं है, जितना संयुक्त-प्रान्त का चमार संयुक्त प्रान्त के ब्राह्मण से। बंगाल की अनुक्रमणिका देखने से पता लगता है कि सामाजिक सीढ़ी के निचले छठे दर्जे पर जो चाण्डाल है, जिसका स्पर्श मात्र अपवित्र करता है उसमें और ब्राह्मण में बहुत अंतर नहीं है। कायस्थ, जो दूसरे दर्जे पर है, उनसे नाम-मात्र का भेद है। बम्बई में देशस्थ ब्राह्मण जितना चितपावन ब्राह्मण के करीब है, उतना ही एक मछुआ जाति सोन-कोली के। मराठा प्रदेश की अछूत जाति महारों का कुनबी नामक किसान जाति के साथ दूसरा नम्बर है। उसके बाद आते हैं शेनवी ब्राह्मण, और ऊंची जाति वाले मराठे। यह परिणाम कुछ पुराने हैं। सामान्य तौर पर कहा जाए, तो इसका यही मतलब है कि सामाजिक ऊंच-नीच और शारीरिक भेद में किसी प्रकार का तारतम्य नहीं है।

अन्त में हम मद्रास को लेते हैं। यहां हमें अलग-अलग भाषागत प्रदेशों को अलग-अलग लेना चाहिए, क्योंकि अलग-अलग प्रदेशों में सामाजिक ऊंच-नीच का स्तर अलग-अलग है। श्री रिसले और ई. थर्स्टन ने जातियों के क्रम का जो औसत निकाला है, वह इस प्रकार है-

कपु, सले, माला गोल्ला, मादिग, फोगता और कोमति।।

उनके सामाजिक दर्जे के अनुसार उनका क्रम इस प्रकार होगा।

ब्राह्मण, कोमति, गोल्ला, कपु और अन्य तथा सले, फगोता और दूसरे।

माला व मादिग का दर्जा सब से नीचा है, क्योंकि वे तेलुगु प्रदेश के अन्त्यज हैं। कन्नड़ प्रदेश में नासिका-माप के अनुसार यह क्रम है।

कन्नड़ स्मार्त, ब्राह्मण, बन्तु, बिल्लिवा, मन्दय, ब्राह्मण, बोककालिंगा, गनिगलि, बनजिग, पंचाल, कुरहा, होलिया, देशस्थ, ब्राह्मण, सोरेप्य और बीदर।

सामाजिक ऊंच-नीच के हिसाब से जातियों का क्रम इस प्रकार है- ब्राह्मण, बन्त, बोककालिंगा, तोरेप्यु आदि कुरूबा और गानिका, बादिगा और कुम्ब, सेलगा, बिल्लीवा, बेद, होलेय।

इस तुलना का महत्त्व उस समय और भी बढ़ जाता है, जब हम देखते हैं। कि कन्नड़ के अछूत का नासिक-माप 75.1 है और ऊंचे- से-ऊंचे ब्राह्मण का 71. 5, और जंगल के कुम्ब तथा सोलगा का जो हिंदू-रंग चढ़ने पर जो स्थान उन्हें मिला, उस पर स्थित हैं कि नासिका - माप 86.1 तथा, 85.1 हैं।

अपने नासिका-माप के हिसाब से तमिल जातियों का क्रम इस प्रकार है:-

अम्बत्तन, वेल्लई, इदियान, आगामुदैयन, तमिल ब्राह्मण, पल्ली, मलयाली, शानान और

पारायन नमूने की चार मलयालम जातियों के नासिका क्रम इस प्रकार हैं- तियन 75, नम्बूदरी 75.5, नय्यर 76.7, चरुमन 77.21 इनका सामाजिक ऊंच-नीच का स्तर इस प्रकार है।

नम्बूदरि, नय्यर, तियन, चरुमन, ट्रावनकोर की जंगली जाति कनिकर का नासिका - माप 84.6 है। इस प्रकार चरुमन (एक अछूत) कनिकर की अपेक्षा ब्राह्मण की नस्ल का है।

उक्त उदाहरणों में जो दूसरी जातियों के बारे में कहा गया है, यदि उसे छोड़ दें और केवल अछूतों के बारे में जो कुछ कहा गया है, उसी की ओर ध्यान दें, तो यह स्पष्ट है कि पंजाब के चूहड़ों की नासिका-माप वही है जो युक्त प्रान्त के ब्राह्मण की। बिहार के चमार की नासिका - माप उसी नस्ल का है जिस नस्ल का तमिलनाडु के ब्राह्मण की। यदि किसी जाति की नस्ल निश्चित करने के लिए मानव- शरीर शास्त्र एक विश्वसनीय विज्ञान है, तो हिन्दू-समाज पर इस शास्त्र के लागू करने के जो परिणाम हैं, उनसे यह बात सिद्ध नहीं होती है कि अछूत 'आर्यों' और 'द्रविड़ों' से अलग नस्लों के हैं। इन नासिका-मापों से यह बात निश्चित सिद्ध होती है कि ब्राह्मण और अछूत एक ही नस्ल के हैं। इससे यही परिणाम निकलता है कि यदि ब्राह्मण आर्य हैं, तो अछूत भी आर्य हैं; यदि ब्राह्मण 'द्रविड़' हैं, तो अछूत भी द्रविड़ हैं, और यदि ब्राह्मण नाग हैं, तो अछूत भी नाग हैं, इस अवस्था में श्री राइस का सिद्धान्त निराधार सिद्ध होता है।

नस्ल के छुआछूत का आधार होने का सिद्धान्त मानव शरीर शास्त्र के विरुद्ध तो पड़ता ही है, उसे हमारी उस जानकारी से भी किसी तरह का सहारा नहीं मिलता जो हमें भारत की नस्लों के बारे में है। यह बात भली प्रकार मालूम है कि भारत के लोग किसी समय 'दलों' के हिसाब से संगठित थे, और हालाकि अब 'दलों' ने 'जातियों' का रूप ले लिया है, तो भी दलों का संगठन अभी भी सुरक्षित है। हर दल 'टोलियों में बंटा हुआ था और 'टोलियां' परिवारों के समूहों से बनी हुई थीं। हर परिवार-समूह का अपना एक चिह्न होता था, चाहे कोई जानदार वस्तु हो, चाहे बे-जान। जिनका परस्पर एक ही सामान चिह्न होता था, वह बाह्य- विवाह आदेश समूह के रूप में संगठित हो जाते थे, जिन्हें हम 'गोत्र' या 'कुल' कहते हैं। जिन परिवारों का एक ही गोत्र था, उन्हें परस्पर विवाह नहीं करने दिया जाता था क्योंकि यह माना जाता था कि वे एक ही पूर्वज के वंशज हैं और उनकी नसों में एक ही रक्त दौड़ रहा है। इस बात का ध्यान रखकर यदि अलग-अलग जातियों के चिह्नों का अध्ययन किया जाए तो वह नस्ल के फैसला करने में नासिका - माप जैसी ही अच्छी कसौटी का काम दे सकता है।

दुर्भाग्य से इन चिह्नों और अलग-अलग जातियों में उनके विभाग की ओर समाज-शास्त्र के अध्ययनकर्ताओं ने ध्यान ही नहीं दिया। इस लापरवाही का मुख्य कारण जन-गणना आयोगों का फैलाया हुआ यह विचार है कि हिन्दू सामाजिक पद्धति की वास्तविक इकाई और हिन्दू समाज का मूलाधार 'उपजाति' है जिसका नियम है कि उस उपजाति से बाहर किसी से विवाह न किया जाए। इससे बढ़कर दूसरी गलती नहीं हो सकती। हिन्दू-समाज की इकाई

'उपजाति' नहीं है, लेकिन बाह्य- विवाहादेश के नियम के आधार बना हुआ परिवार है। इस अर्थ में हिन्दू-परिवार के दल गत संगठन वह उपजाति पर आधारित सामाजिक संगठन नहीं। हिन्दू-परिवार में विवाह में कुल और गोत्र को ही प्रधान महत्त्व दिया जाता है, 'जाति' और 'उपजाति' का विचार गौण स्थान लेता है। हिन्दू समाज के कुल और गोत्र का वही दर्जा है, जो प्रारंभिक समाज के दल-गत चिह्नों का। इससे प्रकट होता है कि हिन्दू समाज़ अपने संगठन की दृष्टि से अभी भी दल गत ही है। परिवार उसका आधार है। उसे बाह्य- विवाहादेश का पालन करना होता है। 'जाति' और 'उपजाति' सामाजिक संगठन हैं, जो कि दल-गत संगठन पर ऊपर से लादे गए हैं। वे जिस बाह्य विवाहादेश के नियमों को लागू करते हैं, उससे दल-गत संगठन के कुल और गोत्र पर आधारित बाह्य - विवाह - निषेध के नियम का निषेध नहीं होता।

इस बात को स्वीकार कर लेने का कि 'उपजाति' की अपेक्षा 'परिवार' कहीं अधिक महत्त्व का है, महत्त्व स्पष्ट है। इससे हिन्दू परिवारों में प्रचलित कुल और गोत्रों के नामों का अध्ययन होगा। इस प्रकार के अध्ययन से भारत के लोगों की नस्ल गत बनावट के अध्ययन में बड़ी सहायता मिलेगी। यदि अलग-अलग जातियों में एक ही कुल और गोत्र मिल जाए, तो यह कहना संभव होगा कि हालाकि सामाजिक दृष्टि से जातियां अलग-अलग हैं, लेकिन नस्ल के हिसाब से एक ही हैं। इस प्रकार के दो अध्ययन हुए हैं। एक महाराष्ट्र में श्री रिजले द्वारा और पंजाब में हूरोज द्वारा। दोनों अध्ययनों का जो परिणाम हुआ है, उससे इस सिद्धांत का एकदम खण्डन हो जाता है कि अछूत आर्यों या द्रविड़ों से अलग नस्ल के हैं। महाराष्ट्र की मुख्य आबादी मराठों की है। महार महाराष्ट्र के अछूत हैं। इन दोनों के नस्ली अध्ययन से पता चलता है कि दोनों एक ही कुल के हैं। वास्तव में एकरूपता इतनी अधिक है कि मराठों में शायद ही कोई एक भी ऐसा कुल हो जो महारों में न हो और महारों में भी शायद ही कोई ऐसा कुल हो जो मराठों में न हो। इसी प्रकार पंजाब में एक बड़ी जनसंख्या जाटों की है। मजहबी सिक्ख 'अछूत' गिने जाते हैं। उनमें अधिकांश चमार हैं। नस्ली खोज से प्रकट होता है कि दोनों के गोत्र समान हैं। यह सब बातें सही होने पर यह कैसे कहा जा सकता है कि अछूत अलग 'नस्ल' के हैं। जैसा कि मैंने कहा है, यदि इन चिन्हों, कुलों तथा गोत्रों का कुछ भी अर्थ है, तो इतना अर्थ तो होना ही चाहिए कि जिनका एक ही चिह्न है, वे 'संबंधी' होंगे। यदि वे एक ही रक्त के रहे, तो वे अलग नस्ल के नहीं हो सकते।

अतः छुआछूत की उत्पत्ति को नस्ल का सिद्धांत नहीं मानना चाहिए।

❐

8. छुआछूत का आधार : व्यवसाय

अब हम छुआछूत की व्यवसाय के कारण उत्पत्ति के सिद्धांत पर चर्चा करेंगे। राइस के अनुसार 'छुआछूत' का आधार उनके गन्दे और घृणित पेशों में है। यह विचार कुछ ठीक-सा जंचता है। लेकिन इसे छुआछूत की उत्पत्ति की सच्ची व्याख्या स्वीकार करने में कुछ कठिनाइयां हैं। अछूत जिन गन्दे और घृणित पेशों को करते हैं, वे सभी मानव समाजों में समान हैं। हर समाज में ऐसे लोग हैं जो इन पेशों को करते हैं, संसार के दूसरे देशों में ऐसे लोगों के साथ छुआछूत का व्यवहार क्यों नहीं हुआ? दूसरा सवाल है कि क्या द्रविड़ लोगों को इन पेशों से घृणा थी? या इनके करने वालों से घृणा थी? इस विषय में हमारे पास किसी प्रकार की कोई साक्ष्य नहीं है। लेकिन आय के बारे में हमारे पास साक्ष्य है। इस साक्ष्य से यह प्रमाणित होता है कि आर्य भी दूसरे लोगों की तरह के थे और उनकी 'पवित्रता' तथा 'अपवित्रता' की कल्पना दूसरे प्राचीन लोगों से अलग न थी। नारद - स्मृति के निम्न श्लोकों पर विचार करने से यह स्पष्ट हो जाता है कि आर्यों को गन्दे पेशे में किसी प्रकार का कोई एतराज न था। पांचवें अध्याय में नारद ने सेवा-धर्म के उल्लंघन का विचार किया है। उस अध्याय में ये श्लोक आते हैं।

शुश्रूषक पञ्चविधः शास्त्रे दृष्टो मनीषिभिः।
चतुर्विधः कर्मकरास्तेषां दास विपञ्चका।।

अर्थ : ऋषियों ने शास्त्रों में पांच प्रकार के सेवक बताए हैं। इनमें चार प्रकार के सेवक हैं, और पांचवें दास हैं, जिनके फिर पन्द्रह प्रकार हैं।

शिष्यान्तेवासिप्रभुतकाश्चतुर्थस्त्वधिकर्मकृत।
एते कर्मकरा ज्ञेयः दासास्तु गृहजादयः।।

अर्थ : एक अध्ययनकर्ता, एक काम सीखनेवाला, एक वेतनभोगी नौकर तथा एक अधिकारी।

सामान्यमस्वतन्त्रत्वमेषामाहुर्मनीषिणः।
जातिकर्मकृतस्तूक्तो विशेषो वृत्तिव च ॥

अर्थ : ऋषियों ने घोषणा की है कि पराश्रित होना तो सभी के लिए समान है, लेकिन उनकी अपनी अलग स्थिति और आय उनकी अपनी जाति और पेशे पर निर्भर करती है।

कमपि द्विविधं ज्ञेयाशुभं च।
अशुभं दासकर्मोक्तं शुभं कर्मकृतां स्मृतम्।।

अर्थ : यह बात जान लेने की है कि पेशे दो प्रकार के होते हैं- शुद्ध और गन्दे। जो गन्दे पेशे हैं उन्हें दास करते हैं, जो शुद्ध पेशे हैं उन्हें शूद्र (कर्मकर)।

गृहद्वाराशुचिस्थानरथ्यावस्करशोधनम्।।
गुह्याङ्गस्पर्शनोच्छिविण्मूत्रग्रहणेज्झनम्।।

अर्थ : दरवाजे, शौचालय, सड़क तथा कूड़ा फेंकने की जगह पर झाड़ू लगाना, शरीर के गुह्य अंगों का मर्दन, उच्छिष्ट भोजन तथा मल-मूत्र को इकट्ठा कर फेंकना।

इच्छतः स्वामिनश्चाङ्गे ह्य पस्थानमथान्ततः।
अशुभं कर्म विज्ञेयं शुभमन्यदतः परम्।।

अर्थ : और अन्त में जब स्वामी चाहे तब इसके अंगों की मालिश करना, ये काम गन्दे माने जाने चाहिए। इनके अलावा शेष सभी काम शुद्ध हैं।

शुभकर्मकरास्त्वेते चत्वारः समुदाह्यताः।
भाजस्तु शेषा दासस्त्रिपञ्चकाः।।
जघन्यकर्म भाजस्तु

अर्थ : इस प्रकार शुद्ध काम करने वाले चार प्रकार के कर्मचारियों की गिनती करा दी गई हैं। दूसरे जो गन्दा काम करते हैं, दास हैं और वे पंद्रह प्रकार के हैं।

यह स्पष्ट है कि गन्दा काम करने वाले दास थे और झाडू लगाना गन्दे काम में शामिल था। तो सवाल पैदा होता है कि ये दास कौन थे? क्या ये आर्य थे या अनार्य? इसमें कोई संदेह नहीं कि आर्यों में दास-प्रथा थी। एक आर्य दूसरे आर्य का दास हो सकता था चाहे आर्य किसी भी वर्ग का हो, वह 'दास' हो सकता था - एक क्षत्रिय 'दास' हो सकता था। एक वैश्य भी 'दास' हो सकता था। एक ब्राह्मण भी 'दास' हो सकने की संभावना से हमेशा मुक्त न था। जब देश में चातुर्वर्ण्य एक कानून की तरह हुआ, तो दास-प्रथा में कुछ परिवर्तन आया। नारद - स्मृति के निम्नलिखित वचन से उस परिवर्तन का रूप स्पष्ट हो जाता है।

वर्णानां प्रतिलोम्येन दासत्वं न विधीयते।
स्वधर्मत्यागिनोऽन्यज दारवद्दासता मता।।

अर्थ : चारों वर्गों के प्रतिलोम क्रम में दास प्रथा के लिए स्थान नहीं। यदि जादमा अपने वर्ण धर्म का पालन न करे, तो वह इस नियम का अपवाद है। उस अवस्था में दासत्व पत्नी की स्थिति के समान है।

याज्ञवलक्य व्यवहाराध्याय का भी कथन है
वर्णानामनुलोम्येन दास्यं तु प्रतिलोमतः। (4,183)

अर्थ : दास-प्रथा अनुलोम क्रम से है, प्रतिलोम-क्रम से नहीं, याज्ञवल्क्य स्मृति पर विज्ञानेश्वर की मिताक्षरा नाम की जो टीका है, उसमें इसकी व्याख्या इस तरह की गई है।

ब्राह्मणदीनां-वर्णानामानुलोम्यन दास्यम्। ब्राह्मणस्य क्षत्रियादयः।

क्षत्रियस्य वैष्यशूद्रौ। वैशस्य शूद्र इत्येवमानुलोम्येन दासभावो भवति न प्रतिलोम्येन।

अर्थ : ब्राह्मणों और शेष वर्गों में दास-प्रथा अनुलोम-क्रम से रहेगी। क्षत्रिय और शेष सभी ब्राह्मण के 'दास' हो सकते हैं। वैश्य और शूद्र क्षत्रिय के 'दास' हो सकते हैं। शूद्र वैश्य का 'दास' हो सकता है। यह दास प्रथा अनुलोम क्रम से ही लागू हो सकती है, न कि प्रतिलोम क्रम से।

यह परिवर्तन दास-प्रथा का पुर्नसंगठन मात्र था, और उस क्रमागत असमानता का आधार जो कि चातुर्वर्ण्य की 'आत्मा' है, इसे ठोस रूप में व्यक्त करें तो इस नियम का मतलब यह हुआ कि एक ब्राह्मण, एक क्षत्रिय, एक वैश्य तथा एक शूद्र ब्राह्मण का 'दास' हो सकता था।

एक क्षत्रिय, एक वैश्य तथा एक शूद्र क्षत्रिय का 'दास' हो सकता था। एक वैश्य और एक शूद्र वैश्य का दास हो सकता था। लेकिन शूद्र का 'दास' केवल शूद्र ही हो सकता था। यह सब होने पर दास-प्रथा का कानून चालू ही था। ब्राह्मण, क्षत्रिय, वैश्य तथा शूद्र कोई भी हो, यदि वह 'दास' बनता तो, उस पर यह नियम लागू ही होता।

दासों के लिए जो कर्तव्य निश्चित थे, उनकी ओर ध्यान दें तो यह परिवर्तन किसी तरह का भी परिवर्तन नहीं है। इसका अब भी यही मतलब हुआ कि यदि एक ब्राह्मण 'दास' बने, एक क्षत्रिय 'दास' बने, एक वैश्य 'दास' बने या एक शूद्र 'दास' बने, तो झाडू लगाने का काम करना ही होगा। हां, एक ब्राह्मण किसी क्षत्रिय, वैश्य या शूद्र के घर में झाडू नहीं लगाएगा, लेकिन वह एक ब्राह्मण के घर में भंगी का काम करेगा। उसी प्रकार एक क्षत्रिय, एक ब्राह्मण और क्षत्रिय के घर में भंगी का काम करेगा, वह किसी वैश्य तथा शुद्र के घर में नहीं करेगा। एक वैश्य एक ब्राह्मण, क्षत्रिय और वैश्य के घर में भंगी का काम कर देगा लेकिन वह एक शुद्र के घर में नहीं करेगा। इसलिए यह स्पष्ट है कि भंगी का काम एक आर्य के लिए घृणित कार्य नहीं था, तो यह कैसे कहा जा सकता है कि गन्दे पेशों को करना छुआछूत का कारण है? इसलिए यह मत कि गंदे पेशे में लगना छुआछूत का कारण है, निराधार सिद्ध होता है।

परिवर्तन कभी पीड़ादायक नही होता केवल परिवर्तन का विरोध पीड़ादायक होता है-

डॉ. भीम राव अम्बेडकर

9. छुआछूत का मूल आधार - बौद्धों के प्रति घृणा

1870 से आगे प्रति दस वर्ष पर जनगणना - आयुक्त द्वारा जनगणना की जो रिपोर्ट प्रकाशित होती आ रही है, उसमें भारत के सामाजिक तथा धार्मिक जीवन के बारे में अन्यत्र कहीं भी उपलब्ध न होने वाली अमूल्य जानकारी पाई जाती है। 1910 से पहले जनगणना आयुक्त का 'धर्मानुसार जनसंख्या' का एक लेखा रहता था। इस लेखे में (1) मुस्लिम, (2) हिन्दू, तथा (3) ईसाई आदि की जनसंख्या रहती थी। 1910 की जनसंख्या की रिपोर्ट में चालू परम्परा को छोड़ एक नई बात अपनाई गयी। प्रथम बार हिन्दुओं का तीन अलग वर्गों में बंटवारा किया गया- (1) हिंदू (2) प्रकृति पूजक आदिवासी आदि, और (3) अछूत। तब से यह नवीन वर्गीकरण प्रचलित है।

(1) पहले के जनसंख्या आयुक्तों की परम्परा को त्याग देने के संबंध में तीन सवाल पैदा होते हैं:- **(I)** 1910 की जनगणना के आयुक्त ने यह नया वर्गीकरण क्यों किया? **(II)** इस वर्गीकरण का आधार क्या था? **(III)** यह कि वे कौन-से कारण थे जिनसे कुछ ऐसे रीति-रिवाजों का विकास हुआ, जिससे हिंदुओं के तीन अलग वर्गों में बंटे जाने की बात उचित लगती है?

पहले सवाल का उत्तर हमें उस मान-पत्र में मिलता है, जो 1909 में आगाखान के नेतृत्व में मुसलमानों ने उस समय के वाइसराय लार्ड मिन्टो की सेवा में अर्पित किया। उसमें मुसलमानों ने अपने लिए विधानमण्डल, कार्यपालिका तथा सरकारी नौकरियों में पर्याप्त प्रतिनिधित्व की मांग की थी। उस मान- पत्र में से थोड़ा-सा अंश यहां दिया जा रहा है :-

"1909 में जो जनगणना की गई, उसके अनुसार भारत के मुसलमानों की संख्या 6 करोड़, 20 लाख से ऊपर है, अर्थात् ब्रिटिश सरकार की भारतीय प्रजा के चौथे और पांचवें हिस्से के बीच में। यदि प्रकृति-पूजकों तथा दूसरे छोटे-मोटे धर्मावलम्बियों के लेखे में आने वाली असभ्य जातियों के लोग वास्तव में हिन्दू न होने पर भी 'हिन्दू' गिने जाते हैं, उन्हें बाहर कर दिया जाए, तो हिन्दुओं की संख्या की तुलना में मुसलमानों का अनुपात बढ़ जाएगा। इसलिए हम यह निवेदन करना उचित समझते हैं कि प्रतिनिधित्व कि किसी भी विस्तृत या संकुचित पद्धति में एक ऐसी जाति जिसकी जनसंख्या रूस को छोड़कर किसी भी प्रथम दर्जे की यूरोपियन शक्ति की जन-संख्या से अधिक है उचित तौर पर यह मांग कर सकती है कि

उसे राज्य में एक महत्त्वपूर्ण स्थान प्राप्त हो।

"हम सरकार बहादुर की आज्ञा से एक कदम आगे जाकर यह आग्रह करना चाहते हैं कि सीधे या टेढ़े किसी भी प्रकार के प्रतिनिधित्व में और अन्य सब बातों में जिनका उनके पद और प्रभाव से संबंध हो, मुस्लिम जाति को जो पद मिले वह उनकी जनसंख्या के ही अनुरूप नहीं, लेकिन उनके राजकीय महत्त्व तथा साम्राज्य की रक्षा में उनसे जो सहायता मिलती है, उनके भी अनुरूप होना चाहिए। हमें यह भी आशा है कि इस विषय में सरकार इस बात की ओर ध्यान देगी कि सौ वर्ष से कुछ ही अधिक समय पहले भारत में मुसलमानों की क्या स्थिति रही है। और यह कि उसकी याद उनके दिलों से स्वाभाविक तौर पर मिट नहीं गई है।"

इस उद्धरण में जिन पंक्तियों के नीचे रूल है, उनका विशेष अर्थ है। ये शब्द मान-पत्र में यही बात सुझाने के लिए दिए गये हैं कि जब हिन्दुओं के साथ मुसलमानों की तुलना की जाए, तो हिन्दुओं की जनसंख्या में प्रकृति पूजकों, आदिवासियों और अछूत की जनसंख्या शामिल न की जाए। 1910 में जनगणना आयुक्त ने हिन्दुओं के वर्गीकरण की जो यह नई पद्धति स्वीकृत की, उसका आधार मुसलमानों की यह बढ़ी हुई प्रतिनिधित्व की मांग ही है जो हो, हिन्दुओं ने इसका यह अर्थ लिया था। हालाकि यह सवाल हो चुका है कि जनगणना आयुक्त ने वर्गकिरण की नई पद्धति क्यों जारी की, तो भी यह उतना महत्त्वपूर्ण नहीं जितना दूसरा सवाल। जो महत्त्व की जानकारी है, वह यह है कि जनगणना आयुक्त ने हिदुओं के अलग-अलग वर्गों को किस आधार पर" **(1)** जो शत-प्रतिशत हिन्दू थे, **(2)** जो नहीं थे" के वर्गीकरण में बांटा?

जनगणना आयुक्त ने इस वर्गीकरण का जो आधार बनाया, वह जारी परिपत्र में दिया है। उसमें उनसे दोनों वर्गों में बांटने के लिए खास आधार तय किए हैं। जो शत-प्रतिशत हिन्दू नहीं हैं, उन जातियों के लक्षण इस प्रकार दिए गए हैं :-

(1) जो ब्राह्मणों की प्रधानता नहीं मानते।

(2) जो किसी ब्राह्मण या अन्य किसी माने हुए हिन्दू गुरु से मन्त्र नहीं लेते।

(3) जो वेदों को प्रमाण नहीं मानते।

(4) जो हिन्दू - देवताओं को नहीं पूजते।

(5) जिनका अच्छे ब्राह्मण संस्कार नहीं करते।

(6) जो कोई ब्राह्मण पुरोहित नहीं रखते।

(7) जो हिंदू-मन्दिर के भीतर नहीं जा सकते।

(8) जो स्पृश्य नहीं हैं या निर्धारित सीमा के भीतर आ जाने से अपवित्रता का कारण होते हैं।

(9) जो अपने मुर्दों को गाड़ते हैं।

(10) जो गोमांस खाते हैं, और गौ का किसी प्रकार से आदर नहीं करते।

इन दस कसौटियों में कुछ ऐसी हैं, जो हिन्दुओं को आदिवासियों से अलग करती हैं। शेष ऐसी हैं जो हिंदुओं को अछूतों से अलग करती हैं। अछूतों को हिंदुओं से अलग करने वाली कसौटी सं. 2, 5, 6, 7 तथा 10 हैं। हमारा संबंध विशेष रूप से इन्हीं से है।

स्पष्टता के लिए अच्छा है कि इन कसौटियों को हिस्सों में बांट लें और उन पर अलग-अलग विचार करें। इस अध्याय में केवल कसौटी सं. 2, 5 तथा 6 पर विचार होगा। सं. 2, 5, 6 कसौटियों के अन्तर्गत जो सवाल हैं, उनके जनगणना आयुक्त को जो उत्तर मिले हैं, उनसे प्रकट होता है कि (1) अछूत किसी ब्राह्मण से मंत्र नहीं लेते, (2) अच्छे ब्राह्मण अछूतों का संस्कार नहीं करते और (3) अछूतों के अपने में से पैदा किए हुए निजी पुरोहित होते हैं। सभी प्रांतों के जनगणना आयुक्त इन बातों पर सहमत हैं।

इन सवालों में तीसरा सबसे अधिक महत्त्व का है। दुर्भाग्य से जनगणना आयुक्त ने इसको नहीं समझा, क्योंकि अपनी प्रश्नावली में वह मामले की तह तक नहीं जा सके। उसने यह जानने की कोशिश नहीं की कि अछूत ब्राह्मणों से मन्त्र क्यों नहीं लेते? ब्राह्मण अछूतों का पौरोहित्य क्यों नहीं करते? अछूत अपना ही पुरोहित रखना क्यों पसंद करते हैं? और सबकी अपेक्षा इन बातों में क्यों का अधिक महत्त्व है? इन बातों के 'क्यों' की खोज करनी ही चाहिए। क्योंकि छुआछूत की उत्पत्ति का मूल कारण इन्हीं में कहीं छिपा हुआ है।

उस खोज के कार्य में आगे बढ़ने से पहले यह बात ध्यान दिला देने की है। कि जनगणना आयुक्त की प्रश्नावली एक पक्षीय थी। उससे यह तो प्रकट होता है। कि ब्राह्मण अछूतों से घृणा करते थे। लेकिन उसने यह प्रकट नहीं किया कि अछूत भी ब्राह्मणों से घृणा करते थे। लेकिन यह एक वास्तविकता है। लोगों को यह सोचने का कि ब्राह्मण अछूत से ऊंचा है, इतना अधिक अभ्यास हो गया है और अछूत भी अपने आपको उससे नीचा मानता है कि यदि लोगों को यह बताया जाए कि अछूत ब्राह्मण को एक 'अपवित्र' मानते हैं, तो उन्हें बड़ा ही आश्चर्य होगा। लेकिन जिन लेखकों ने अछूतों के सामाजिक रीति-रिवाजों को ध्यान से देखा है और उनकी परीक्षा की है, उन्होंने इस बात का उल्लेख किया है। इस विषय में उठने वाले किसी भी तरह के सन्देह के निवारणार्थ उनके लेखों में से कुछ उद्धरण नीचे दिए जाते हैं-

श्री अब्बेदूब्याव का ध्यान इस और गया है। उनका कहना है-

'आज भी गांव में एक पैरिया (अछूत) ब्राह्मणों की गली से नहीं गुजर सकता। हालाकि शहरों में अब कोई उसे ब्राह्मण के घर के पास से गुजरने से नहीं रोकता या नहीं रोक सकता। लेकिन दूसरी और एक पैरिया किसी भी स्थिति में एक ब्राह्मण को अपनी झोपड़ियों के बीच से नहीं गुजरने देता। उसका पक्का विश्वास है कि यह उनके विनाश का कारण होगा।"

तंनातर जिले के 'गजेटियर' के संपादक श्री हेमिंग्जवे का कथन है।

"ये जातियां तंनातर जिले की अछूत जातियां किसी ब्राह्मण के उनके मुहल्ले में प्रवेश करने का बड़ा विरोध करती हैं। उनका विश्वास है कि इससे उनकी बड़ी हानि होगी।"

मैसूर के हसन जिले के 'होलेंड' लोगों के बारे में लिखते हुए कैप्टेन श्री जे. एस. एफ. मैकेन्जी लिखते हैं :- "गांव की सीमा के बाहर हर गांव की 'होलीगिरी' है। पहले के खेतिहर दास, जो 'होलियर' कहलाते थे, उनके निवासस्थान होने के कारण मेरा विचार हुआ कि यह इसीलिए है कि वे गन्दी नस्ल के समझे जाते हैं, जिनके स्पर्श मात्र से 'अपवित्रता' पैदा होती है।"

सामान्य रूप से जो ब्राह्मण किसी होलियर के हाथ से कुछ भी ग्रहण करने से इनकार करते हैं, इसका यही कारण बताते हैं। लेकिन तो भी ब्राह्मण इसे अपने लिए बड़े सौभाग्य की बात समझते हैं। यदि वे बिना अपमानित हुए होलिगिरी में से गुजर जाएं। होलियरों को इस पर बड़ी आपत्ति है। यदि एक ब्राह्मण उनके मुहल्लों में जबरदस्ती घुसे, तो वे सारे-के-सारे इकट्ठे बाहर आकर उसे जूते मारते थे और कहा जाता है कि पहले वे उसे जान से भी मार डालते थे। दूसरी जातियों के लोग दरवाजे तक आ सकते हैं लेकिन घर में नहीं घुस सकते। ऐसा होने से होलियर पर दुर्भाग्य बरस पड़ेगा। यदि कभी कोई किसी तरह से घर के अन्दर आ ही घुसे, तो मालिक आगन्तुक का कपड़ा फाड़कर उसके एक कोने में नमक बांध देगा और बाहर निकाल देगा। इससे यह समझा जाता है कि सीमोल्लंघन करने वाले का सौभाग्य उलट जाएगा और घर के मालिक पर किसी प्रकार की कोई विपत्ति नहीं आएगी।

इस विचित्रता की क्या व्याख्या है। जो भी हो, इसका उस आरंभिक अवस्था से मेल बैठाना चाहिए जब 'अछूत' अछूत न थे, केवल अलग हुए लोग थे। हमें यह सवाल करना चाहिए कि ब्राह्मणों ने इन अलग हुए लोगों के धार्मिक रीति-रिवाजों के अवसर पर पौरोहित्य करने से क्यों इनकार किया? क्या वह बात है कि खुद ब्राह्मणों ने पौरोहित्य करने से इनकार किया? या यह बात कि इन अलग हुए लोगों ने ही ब्राह्मणों को निमंत्रित करने से इनकार किया? ब्राह्मणों ने अलग हुए लोगों को 'अपवित्र' क्यों माना? इस परस्पर की घृणा का क्या कारण है?

इस परस्पर घृणा के एक ही व्याख्या हो सकती है। वह यह कि यह अलग हुए लोग बौद्ध थे, इसलिए वे ब्राह्मणों का आदर नहीं करते थे, उन्हें पुरोहित नहीं बनाते थे और उन्हें अपवित्र समझते थे। दूसरी और ब्राह्मण भी अलग हुए लोगों को पसन्द नहीं करते थे; क्योंकि वे बौद्ध थे। उनके विरुद्ध घृणा का प्रचार करते थे। इसका परिणाम यह हुआ कि अलग हुए लोग 'अछूत' समझे जाने लगे। लेकिन किसी प्रमाण की आवश्यकता भी नहीं है जबकि उस समय अधिकांश हिन्दू बौद्ध ही थे। अतः हम मान लेते हैं कि वे भी बौद्ध ही थे।

यह बात प्रमाण नहीं है कि हिन्दुओं के मन में बौद्धों के विरुद्ध घृणा का भाव विद्यमान था, और यह घृणा का भाव खुद ब्राह्मणों का पैदा किया हुआ था।

नीलकंठ ने अपने पछतावा मयूख में, मनु का एक श्लोक उद्धृत किया है, जिसका अर्थ

इस प्रकार है- "यदि कोई लोग किसी बौद्ध को, पासुपत पुष्प को, लोकायत को, नास्तिक को या किसी महापातकी को स्पर्श करेगा, तो वह स्नान करने से ही शुद्ध हो सकेगा।'

अपरार्कर ने अपनी स्मृति में भी इसी विचार का प्रचार किया है। वृद्ध हारीत ने एक कदम आगे जाकर बौद्ध-विहार में जाने को भी पाप माना है, जिससे मुक्त होने के लिए उस लोग को स्नान करना चाहिए। बुद्ध के अनुयायियों के विरुद्ध इस घृणा के भाव का कितना प्रचार हो गया था, यह संस्कृत नाटकों में देखा जा सकता है। इस दुर्भावना का सबसे अच्छा प्रमाण 'मृच्छकटिक' नाटक में हैं। नाटक के सातवें प्रकरण में नायक चारुदत्त अपने मित्र चैत्रेय के साथ नगर के बाहर उद्यान में बसन्त सेना की प्रतीक्षा कर रहा है। वह नहीं आई, अतः चारुदत्त उद्यान से चला जाना चाहता है। ज्यों ही वे बिदा होते हैं, वे 'समवाहक' नाम के बौद्ध भिक्षु को देखते हैं। उसके दिखाई देने पर चारुदत्त कहता है-

"चारुदत्त : सखे मैत्रेय! वसन्तसेनादर्शनोत्सुकोऽयं जन तदेहि प्रच्छावः। (परिक्राम्य) कथामाभिमुखनाभ्युदयिकं श्रमणकं दसनम्। (विचार्य) प्रविश - त्वयमनेन पथा। वयमप्यनेनव पथा गच्छावः। (इति निष्कान्तः)"

अर्थ : मित्र मैत्रेय, मैं बसन्त सेना से मिलने के लिए उत्सुक हूं। आओ हम चलें। (थोड़ा चलकर) ओह! यह तो अपशुकन हो गया, एक बौद्ध श्रमण हमारी ओर चला आ रहा है। (थोड़ा विचारकर) अच्छा उससे आने दो, हम इस दूसरे रास्ते से चले जाएंगे। (चले जाते हैं)

आठवें प्रकरण में भिक्षु राजा के साले 'शक्र' के उद्यान में एक तालाब, कपड़े धो रहा है। विट के साथ शक्र आता है और उसे देखकर मारने की ध देता है। उसके बीच का निम्नलिखित वार्तालाप विशेष महत्त्व का है। यथाः-

शकार : चिट्ठ, ले दुट्ठ शमणक, चिट्ठ।

भिक्षु : आश्चर्यम्। एष स राज्यश्यालसंस्थानक आगतः। एकेन भिक्षुणऽपरासे कृते यतापि थव-यत्र भिक्षं पश्यति, तत्र-तत्र गामिव नासिकां सिद्ध वाऽपवाह्यति। तत् कुत्राशरणः शरणं गमिष्यामि। या भट्टारक एवं बुद्धों में शरणम्।

शकार : तिष्ठ रे, दुष्ट श्रमणक, तिष्ठ। आपानकमध्यप्रविष्टस्येव रक्त मूलकस्य शीर्ष ते भक्ष्यामि। (इति ताड्यति)

विट : काणोलोमातः। नय युक्त निर्वेदधृतकषायां भिक्षु ताडूयितुम्।

भिक्षु : स्वागतम् प्रसीदतूपासक।

शकार : मित्र, पश्य पश्य! आक्रोशीत माम्।

विट : किं ब्रवीति?

शकार : उपासक इति मां भणति, किमहं नापितः?

विट : बुद्धोपासक इति भवन्तं स्तौति।

शकार : भाव, तत्किमर्थमेष इहागतः?

भिक्षु : इदं चीवरं प्रक्षालयितुम।

शकार : रे दुष्ट श्रमणक! अहमपि प्रवरपुरुषो मनुष्य को न स्नामि तत्त्वामेकंहारिक करेमि?

अर्थ

शकार : ठहर, अरे दुष्ट श्रमण, ठहर।

श्रमण : ओह! यह राजा का साला है! क्योंकि यह किसी श्रमण से रुष्ट हो गया है, इसलिए जो भी श्रमण मिलता है, उसे यह पीटता है।

शकार : ठहर, मैं तेरे सिर को ऐसे ही चूर-चूर कर डालूंगा जैसे किसी सराय में एक मूली। (पीटता है।)

विट : मित्र, एक श्रमण को जिसने संसार त्यागकर काषाय पहन रखा है, पीटना अच्छा नहीं।

श्रमण : उपासक! प्रसन्न रहें।

शकार : मित्र, देख यह मुझे गाली दे रहा है।

विट : यह क्या कह रहे हैं?

शकार : यह मुझे 'उपासक' कहता है। क्या मैं नाई हूं?

विट : ओह! यह तो वास्तव में तुम्हें बुद्ध का उपासक बना तुम्हारी प्रशंसा कर रहा है।

शकार : यह यहां क्यों आया है।

श्रमण : इस चीवर को धोने के लिए।

शकार : ओह! अरे दुष्ट श्रमण, मैं खुद इस तालाब में स्नान नहीं करता। मैं तुझे प्रहार से मार डालूंगा। काफी मार-पीट के बाद श्रमण को जाने दिया जाता है। यहां हिन्दुओं की भीड़ के बीच एक बौद्ध श्रमण दिखाई देता है। उससे दूर रहा जाता है और बचा जाता है। उसके विरुद्ध घृणा का भाव इतना जबरदस्त है कि जिस सड़क पर वह चलता है, लोग उस सड़क से भी बचते हैं। घृणा का भाव इतना जोरदार है कि बौद्ध का प्रवेश किसी हिन्दू को बाहर निकालने के लिए पर्याप्त है, लोग पर्याप्त हैं। बौद्ध श्रमण का दर्जा ब्राह्मण के समान है। ब्राह्मण मृत्यु दण्ड से मुक्त है। उसे शारीरिक दण्ड भी नहीं दिया जा सकता। लेकिन एक बौद्ध श्रमण मारा जाता है, बिना किसी प्रायश्चित के, बिना किसी आत्मग्लानि के, मानो इसमें कोई बुराई नहीं।

यदि हम यह स्वीकार कर लें कि ये अलग हुए लोग बौद्ध थे और ब्राह्मण-धर्म के बौद्ध धर्म पर हावी हो जाने पर दूसरों की तरह इन्होंने आसानी से बौद्ध धर्म छोड़कर ब्राह्मण धर्म ग्रहण करना स्वीकार नहीं किया, तो हमें दोनों सवालों का एक समाधान मिल जाता है। इससे इस बात की व्याख्या हो जाती है कि अछूत ब्राह्मण को अपशगुन क्यों मानते हैं, वे उन्हें पुरोहित क्यों नहीं बताते हैं और अपने मुहल्लों तक में क्यों नहीं आने देते? इससे इस बात की भी व्याख्या हो जाती है कि ये अलग हुए लोग क्यों अछूत समझे गए? ये अलग हुए लोग ब्राह्मण से घृणा करते थे, क्योंकि ब्राह्मण बौद्ध धर्म के शत्रु थे और ब्राह्मणों ने इन अलग हुए लोगों को 'अछूत' बनाया, क्योंकि ये बौद्ध-धर्म छोड़ने के लिए तैयार नहीं थे। इस तर्क से इस परिणाम पर पहुंचा जा सकता है कि छुआछूत के मूल कारणों में से एक कारण वह घृणा है, जो ब्राह्मणों ने बौद्धों की प्रति पैदा की।

क्या बौद्ध धर्म और ब्राह्मण धर्म के बीच की घृणा ही इन अलग हुए लोगों के अछूत बन

जाने का एक मात्र कारण हो सकती है? स्पष्ट है कि नहीं। ब्राह्मणों ने बौद्धों के विरुद्ध समान रूप से घृणा का प्रचार किया था, इन अलग हुए लोगों के विरुद्ध कुछ विशेष रूप से नहीं। तब क्यों 'छुआछूत' केवल इन अलग हुए लोगों से ही जा चिपटा? इसलिए यह स्पष्ट है कि इसके अलावा कुछ और भी परिस्थिति होगी, जो कि इन अलग हुए लोगों के ही सिर छुआछूत मढ़े जाने का कारण बनी। वह परिस्थिति क्या रही होगी? इससे आगे हम इसी दिशा में कुछ फैसला करने का कोशिश करेंगे।

❐

10. गोमांस भक्षण - छुआछूत का मूल आधार

अब हम जनगणना आयुक्त के परिपत्र में दी गई दसवीं कसौटी को लेते हैं। इस कसौटी की चर्चा पहले अध्याय में आ ही चुकी है, जो गो-मांस खाने से संबन्धित है।

जनगणना के परिणामों से मालूम होता है कि जो जातियां आजकल 'अछूत' गिनी जाती हैं, उनके भोजन का एक मुख्य अंग मृत गौ का मांस है। कोई 'हिन्दू जाति चाहे कितनी ही नीच क्यों न हो, गो मांस का स्पर्श नहीं करेगी। दूसरी और कोई जाति नहीं है, जो वास्तव में 'अछूत' है और जिसको मृत गौ से कुछ लेना-देना नहीं। कुछ उसका मांस खाते हैं, कुछ उसका चमड़ा उतारते हैं, कुछ उसके चमड़े तथा हड्डी की चीजें बनाते हैं।

जनगणना आयुक्त की जांच-पड़ताल से यह प्रमाणित हो जाता है कि अछूत गो मांस खाते हैं। तो सवाल है कि क्या गोमांसाहार का छुआछूत की उत्पत्ति से कोई संबंध है? या अछूतों के आर्थिक जीवन में यह एक सामान्य घटना है? क्या हम कह सकते हैं कि गोमांस खाने के कारण अलग हुए लोग 'अछूत' बनाए गए? इस सवाल के उत्तर में निस्संकोच 'हां' कहा जा सकता है। किसी भी और उत्तर का हमारी जानकारी से मेल नहीं बैठता।

पहली बात तो यह निश्चय है कि 'अछूत' या 'अछूतों' की अन्य जातियां मृत गोमांस खाती हैं और मृत गौ के उपयोग का संबंध इतना अधिक और इतने करीब का है कि उसे छुआछूत' का कारण मानने की बात लगभग अकाट्य मालूम होती है। दूसरी, यदि कोई चीज अछूतों को हिन्दुओं से अलग करने वाली है, तो यह गोमांस आहार ही है। ऊपरी दृष्टि से भी यदि हिन्दुओं के निषिद्ध भोजन-संबंधी नियमों में दो निषेधाज्ञाएं ऐसी हैं जिनसे विभाजक रेखा खिंच जाती है। एक निषेधाज्ञा तो मांस न खाने की है। इससे हिंदुओं के दो विभाग हो जाते हैं। वे गोमांस खा लेते हैं, तथा वे गोमांस नहीं खाते। छुआछूत की दृष्टि से पहली विभाजक रेखा का कोई महत्त्व नहीं, लेकिन दूसरी का हैः क्योंकि यह अछूतों और गैर अछूतों को पूर्ण रूप से विभाजित करती है। 'गैर अछूत' चाहे वे शाकाहारी या मांसाहारी, गोमांस का निषेध करने में एक-विचार हैं। उनसे विरुद्ध अमल हैं जो गोमांस खा लेते हैं- बिना किसी अनुताप के और सामान्य अभ्यास से।

इस संबंध में यह सुझाना कोई बड़ी बात नही हैं कि जिन्हें गोमांस भक्षण से अत्यन्त घृणा

है, वे गोमांसाहारियों को 'अछूत' समझने लग जाएं।

वास्तव में गोमांसाहार के छुआछूत का प्रधान कारण होने के संबंध में किसी प्रकार की कल्पना करने की कुछ भी आवश्यकता नहीं। इस नये सिद्धांत का हिन्दू शास्त्र भी समर्थन करते हैं। व्यास- स्मृति में निम्नलिखित श्लोक है, जो अन्त्यजों की श्रेणी में गिनी गई जातियों के नाम और उनके ऐसा होने का कारण बताते हैं-

"चर्मकार मोर्या भट्ट (सैनिक), भिल्ल, रजक (धोबी), पुष्कर, नट (अभिनेता) ब्रात्य, मेद, चाण्डाल, दास, स्वापक, तथा कोलिक और वे दूसरे सब जो गोमांस खाते हैं, 'अन्त्यज' कहलाते हैं।" (12,13)

सामान्यतः स्मृतिकार अपने मन्तव्यों के 'क्यों और कैसे?' के चक्कर में कभी नहीं पड़ते। लेकिन यह अपवाद है क्योंकि यहां वेदव्यास 'अस्पृश्यता' के कारण की व्याख्या कर रहे हैं, इसमें महत्त्वपूर्ण हैं। इसका मतलब है कि स्मृतिकार इस बात को जानते थे कि 'छुआछूत' का मूल-स्थान गोमांसाहार में दिया है। वेदव्यास की इस उक्ति के बाद किसी प्रकार के तर्क-वितर्क के लिए स्थान नहीं रहना चाहिए। यह तो 'हाथ कंगन को आरसी क्या' जैसी बात है और विशेषता यह है कि यह व्याख्या बुद्धि संगत भी है, क्योंकि जो कुछ हम जानते हैं, उन बातों से उनका पूरा-पूरा मेल बैठता है।

'अस्पृश्यता' के कारण की इस नई खोज में दो बातें हाथ लगी हैं। एक बात तो वह सामान्य घृणा का भाव है जो ब्राह्मणों ने बौद्धों के विरुद्ध फैला रखी थी और दूसरी अलग हुए लोगों की गोमांस खाते रहने की आदत है। जैसा पहले कहा गया है, केवल पहली बात अलग हुए लोगों पर 'छुआछूत' का कलंक लगाने के लिए पर्याप्त नहीं समझी जा सकती। क्योंकि ब्राह्मणों ने बौद्धों के प्रति जो घृणा का भाव फैलाया था, वह तो सामान्य रूप से सभी बौद्धों के विरोध में था, केवल 'अलग हुए लोगों' के ही विरुद्ध तो था नहीं। केवल 'अलग लोग' ही अछूत क्यों बने, इसका मुख्य कारण यह था कि वे बौद्ध थे ही, उसके साथ उन्होंने अपनी गौमांस खाने की आदत भी नहीं छोड़ी थी। इससे ब्राह्मणों को अपनी नई गोभक्ति को उसकी चरम सीमा पर पहुंचाने का अलावा अवसर मिल गया। इससे हम इस परिणाम पर पहुंच सकते हैं कि अलग हुए लोग बौद्ध होने के कारण घृणा के पात्र बने और गोमांसाहारी होने के कारण 'छुआछूत' के पात्र बने।

गोमांसाहार के 'छुआछूत' का कारण होने के सिद्धांत को स्वीकार करने से अनेक सवाल पैदा होते हैं। समालोचक निश्चय ही पूछेगे - हिन्दुओं को गोमांसाहार के विरुद्ध घृणा का क्या कारण है? क्या हिंदू हमेशा से गोमांसाहार के विरुद्ध रहे हैं?

यदि नहीं तो उनमें यह घृणा कैसे उत्पन्न हुई? क्या अछूत आरंभ से ही गोमांस ग्रहण करते रहे हैं? जिस समय हिंदुओं ने गोमांस ग्रहण करना छोड़ा, तो उन्होंने भी उसी समय क्यों

नहीं छोड़ दिया? क्या 'अछूत' हमेशा से 'अछूत' रहे हैं? यदि एक ऐसा समय था जब 'अछूत' गोमांसाहारी होने के बावजूद 'अछूत' नहीं थे, तो बाद में गोमांसाहार 'छुआछूत' का कारण कैसे बन गया? यदि हिंदू गोमांस खाते रहे हैं। तो उन्होंने उसे कब खाना छोड़ा? यह हिन्दुओं को गोमांसाहार छोड़ने के कितने समय बाद 'छुआछूत' अस्तित्व में आया? इन सवालों का उत्तर देना होगा। बिना उत्तर दिए यह नया सिद्धांत बादलों से ढका रहेगा। इसे लोग 'संभव' मान ले सकते हैं लेकिन फैसलाात्मक स्वीकार न करेंगे। जब मैंने एक सिद्धांत का प्रतिपादन किया है, तो मुझे उन सवालों का उत्तर भी देना ही होगा। मैं निम्नलिखित शीर्षकों में उत्तर देना चाहता हूं।

(1) क्या हिंदुओं ने कभी गोमांस नहीं खाया?

(2) हिंदुओं ने गोमांस भक्षण क्यों छोड़ा?

(3) ब्राह्मण शाकाहारी कब बने?

(4) गोमांसाहार से 'छुआछूत' की उत्पत्ति क्यों हुई? और

(5) 'छुआछूत' की उत्पत्ति कब हुई?

❐

11. क्या हिन्दू कभी गोमांस नहीं खाते थे?

इस सवाल के उत्तर में कि "क्या हिंदुओं ने कभी गोमांस नहीं खाया?" हर 'हिंदू चाहे वह ब्राह्मण हो - चाहे गैरब्राह्मण, यही उत्तर देगा- 'नहीं, कभी नहीं।' एक तरह से उसका कहना ठीक भी है। दीर्घ काल से कभी किसी हिंदू ने गोमांस नहीं खाया। यदि 'हिन्दू' के इस उत्तर का यही भावार्थ है, तो हमारा उससे कोई झगड़ा नहीं। लेकिन जब पढ़े-लिखे ब्राह्मण यह कहते हैं- "केवल यही नहीं कि हिंदुओं ने कभी गोमांस नहीं खाया, बल्कि वे गौ को सदा पवित्र मानते आ रहे हैं और सदा से ही गो-हत्या के विरोधी रहे हैं, तो उनके इस विचार को स्वीकार करना कठिन हो जाता है।'

इस विचार के पक्ष में कि हिंदुओं ने कभी गोमांस नहीं खाया और वे सदा गो-हत्या के विरोध में रहे हैं, अनेक प्रमाण हैं।

ऋग्वेद में दो तरह के प्रमाण हैं, जो आधार माने जाते हैं। एक प्रकार के प्रमाण में गौ को 'अवध्य' कहा है। 'अवध्य' का अर्थ है 'मरने योग्य नहीं।' इससे यह अर्थ लिया जाता है कि यह गो-हत्या के विरुद्ध निषेधाज्ञा है; और क्योंकि धर्म के मामले में वेद अन्तिम प्रमाण है, इसलिए, यह कहा जाता है कि गोमांस खाने की तो बात ही क्या, आर्य गौ की हत्या ही नहीं कर सकते थे। दूसरे प्रकार के प्रमाणों में गौ को पवित्र कहा गया है। इन मन्त्रों में गौ को रुद्र की माता, वसुओं की पुत्री, आदित्यों की बहन और अमृत का केन्द्र बिन्दु कहा गया है। ऋग्वेद में एक और उल्लेख है, जहां गौ को 'देवी' कहा गया है। ब्राह्मण और सूत्र - ग्रन्थों के कुछ वाक्यों को भी इस विचार का आधार माना जाता है।

शतपथ ब्राह्मण में दो स्थल ऐसे हैं, जिनका गो-हत्या और गोमांसाहार से संबंध है। इस प्रकार है "अर्थे शालां प्रपादयति। स धेन्वै चानडुश्च नाश्नीयाद् धेन्व नडहौ वा इदं सर्वम्भितस्ते देवा अब्रुवमू धेन्वौ व इदं सर्व विभृतो हन्त यदन्येषां वयसां वीर्य्य तद्धन्वनडुयोर्दधामेति स यदन्येषां वयसां वीर्यमासीत्तद्धेनडुहयोरदधु स्तमस्तस्माद्धेनुश्चचैवानवांश्च भूयिष्ठ भुक्तस्तद्वैतत् सर्वाश्यमिव यो धेन्वनडुहयोरश्नीयादन्य गतिरिव तं हभदतमभिजनितोर्णाययै गर्भ निरवधीदिति पापमकदिति पापी कीर्तिस्तस्माद्धेन्वनडुहयोर्चाश्नीयत्।" (श.प.)

अर्थ : वह (अध्ययु) तब उसे मण्डप में प्रविष्ट करता है। उसे गौ या बैल का मांस नहीं

खाना चाहिए, क्योंकि निस्संदेह गौ और बैल पृथ्वी पर जितनी चीजें हैं, उन सबका आधार है। देवताओं ने कहा है, 'निश्चय से गौ, बैल हर वस्तु का आधार है। आओ हम दूसरी (पशु) योनियों की जो शक्ति है, वह गौ और बैल को ही दे दें। इसलिए गौ और बैल सबसे अधिक खाते हैं। इसलिए यदि कोई किसी गौ या बैल का मांस खाता है, तो वह सब कुछ खाता है, या वह सबके अन्त व सबके विनाश को पहुंचाता है। इसलिए उसे गौ तथा बैल का मांस नहीं खाना चाहिए।

मंत्र संख्या. 1, 2, 3, तथा 6 में एक और स्थल है जहां नैतिक आधार पर पशु - बलि का निषेध किया गया है।

एक इसी प्रकार का कथन आपस्तम्ब धर्मसूत्र में भी है जहां गो-मांसाहार पर एक सामान्य प्रतिबन्ध लगाया गया है।

इस विचार के पक्ष में कि हिंदुओं ने कभी गोमांस नहीं खाया, यही साक्ष्य विद्यमान है। इन साक्ष्य से हम क्या परिणाम निकाल सकते हैं?

जहां तक ऋगवेद के साक्ष्य का संबंध है, हम उसे ठीक तौर पर न पढ़ने में और ठीक तौर पर समझने से ही इस परिणाम पर पहुंच सकते हैं। ऋग्वेद में दो के लिए जो, 'अघन्य' विशेषण आया उसका अर्थ वही है कि चूंकि गौ दूध देती है, इसलिए वह मारे जाने के अयोग्य है। हां, यह बात तो सत्य है कि ऋग्वेद के समय में गौ के लिए आदर था, लेकिन गौ के लिए ऐसी आदर और पूजा की भावना की आशा हिन्दी आर्यों को उसे भोजन के लिए मारने से नहीं रोकता था। वास्तव में गौ पवित्र मानी जाने के कारण भी उसकी हत्या होती थी। श्री काणे का कहना है :-

"ऐसा नहीं था कि वैदिक समय में गौ पवित्र नहीं थी। उसकी 'पवित्रता' के ही कारण वाजसनेयि संहिता में यह व्यवस्था दी गई है कि गोमांस खाना चाहिए।"

ऋगवेदकालीन आर्य भोजन के लिए गोहत्या करते थे और गोमांस खाते थे, यह ऋगवेद से ही एकदम स्पष्ट है। ऋग्वेद में इन्द्र का ही कथन है- वे एक के लिए 15-20 बैल पकाते हैं। ऋग्वेद का ही कथन है कि अग्निदेवता के लिए घोड़ों, वृषभों, बैलों, बांझ गौओं तथा भेड़ों की बलि दी जाती थी। ऋग्वेद से यह भी स्पष्ट होता है कि गौ को एक खड्ग या कुल्हाड़ी से मारा जाता था।

जहां तक शतपथ ब्राह्मण की गवाही का संबंध है, क्या वह फैसलाात्मक मानी जा सकती है? स्पष्ट ही है कि नहीं। दूसरे ब्राह्मणों में ऐसे पाठ हैं जो इससे अलग सम्मति देते हैं।

एक ही उदाहरण पर्याप्त होगा। तैत्तरीय ब्राह्मण में जिन काम्येष्टि यज्ञों का वर्णन है, उनमें न केवल गौ और बैल की बलि देने की आज्ञा है, लेकिन यह भी स्पष्ट किया गया है कि किस प्रकार के गौ और बैल की बलि किस देवता को चढ़ानी चाहिए?

जैसे कि 'विष्णु' को बलि देनी हो, तो एक बौना बैल चुनना चहिए। वृत्र के नाशक 'इन्द्र' को बलि देनी हो तो ऐसा बैल चाहिए कि जिसके सींग लटकते हों और जिसके माथे पर टीका हो।

'पूषण के लिए काली गौ, 'रुद्र' के लिए लाल गौ, और इसी प्रकार तैत्तिरीय ब्राह्मण पंचशरदीय सेवा नाम के एक यज्ञ का वर्णन करता है, जिसकी सबसे अधिक महत्त्व की बात यह थी कि उसमें पांच वर्ष की आयु के सत्रह कूबड़हीन बौने बैल और उतने ही तीन वर्ष की आयु के बौने बछड़े मारे जाते थे।

और 'आपस्तम्ब धर्मसूत्र' के विरुद्ध निम्नलिखित बातें ध्यान देने योग्य हैं।

पहले तो उसी सूत्र में 15, 14, 29 श्लोकों में उसके विरुद्ध कथन मिलता है। सूत्र में लिखा है- "गौ और बैल पवित्र हैं, इसलिए उन्हें खाना चाहिए।"

दूसरी बात गृह्य-सूत्र में दी गई मधुपर्क बनाने की विधि है। आयों में विशेष अतिथियों के स्वागत की रीति एक निश्चित प्रथा बन गई थी जो सर्वश्रेष्ठ चीज खिलाई जाती थी, उसे 'मधुपर्क' कहते थे। कई गृह्य-सूत्रों में मधुपर्क के बारे में विस्तृत सूचनाएं हैं। गृह्य-सूत्रों के अनुसार छः जनों को अधिकार है कि उन्हें मधुपर्क दिया जाए (1) ऋत्विज अर्थात यज्ञ कराने वाला ब्राह्मण, (2) आचार्य (3) वर, (4) राजा, (5) स्नातक, अर्थात् गुरुकुल की शिक्षा समाप्त अध्ययनकर्ता, तथा (6) ऐसा कोई भी लोग जो अतिथेय का प्रिय हो। कोई-कोई इस सूची में अतिथि को भी शामिल करते हैं। ऋत्विज, राजा और आचार्य के अलावा शेष लोगों को वर्ष में एक बार मधुपर्क देने का नियम रहा है। ऋत्विज, राजा और आचार्य को उनके आगमन पर हर बार देना होता था।

यह मधुपर्क किस चीज का बनता था? जिन चीजों से यह मधुपर्क बनता था, उनके बारे में मतभेद हैं। 'आश्वलायन गृह्य सूत्र और आपस्तम्ब गृह सूत्र शहद और दही या घी और दही मिलाने की बात कहते हैं 13-101 पाराशर गृह सूत्र के समान दूसरे सूत्र-ग्रन्थों के अनुसार दही, शहद तथा मक्खन तीन चीजों के मेल से बनना चाहिए। आपस्तम्ब गृह्यसूत्र' (13,11,12) ने दूसरों के इस विचार का भी उल्लेख किया है कि ये तीनों चीजें मिलाई जा सकती हैं। हिरण्य गृह्यसूत्र (1,9,10,12) दही, शहद, घी, पानी और अन्य इन पांच चीजों में से किन्ही तीन को मिलाने की छूट देता है। 'कौशिक सूत्र में 9 प्रकार की मिलावटों का उल्लेख है- ब्रह्म (शहद और दही), इन्द्र (दूध में चावल), सौम्य (दही और घी), पौषण (घी और मथा हुआ दही), सारस्वत (दूध और घी), मौसल (सुरा और घी इसका उपयोग सौत्रामणि और राजसूय यज्ञों में ही होता था), परिव्राजक (सरसों का तेल और उसकी खली)। माधव-गृह्यसत्र (1,9,22) कहता है कि वेद की आज्ञा है कि मधपर्क बिना मांस के नहीं होना चाहिए; इसलिए यदि गौ को छोड़ दिया जाए तो बकरी का मांस या बकरी की बलि दी जा सकती है। 'हिरण्य गृह्य सूत्र' (1,13,14) का कहना है कि दूसरे मांस की ही बलि देना चाहिए। बोधायन गृह्य सूत्र (1,13,14) का कहना है। बिना मांस के मधुपर्क हो ही नहीं सकता। यदि कोई मांस की बलि न दे सकता हो, तो वह. धान्य पका ले।

इस प्रकार मधुपर्क में मांस, विशेष रूप से गोमांस एक जरूरी अंश है। अतिथि के लिए गोहत्या की बात इतनी सामान्य हो गई थी कि 'अतिथि' का नाम ही 'गोधना' पड़ गया था अर्थात गो हत्या करने वाला। इस हत्या से बचने के लिए आश्वलायन गृह्यसूत्र का सुझाव है कि अतिथि के आगमन पर गौ को छोड़ देना चाहिए, जिससे गौ की हत्या भी न हो और 'आतिथ्य' के नियम का भी भंग न हो।

तीसरे 'आपस्तम्ब धर्मसूत्र' कथन के विरोधीपन के रूप में मृतक देह-संस्कार का उल्लेख किया जा सकता है। सूत्र का कहना है:-

उसे तब निम्नलिखित यज्ञ-साधन मृतक शरीर पर रखने चाहिए :-

1. दायें हाथ में गुहु नाम का चम्मच।

2. बायें हाथ में उपभृत नाम का दूसरा चम्मच।

3. दायीं ओर 'स्फ्य' नाम की लकड़ी का याज्ञिक खडग्, बायीं ओर अग्निहोत्र हवनी।

4. छाती पर ध्रुवा (खुवा बड़ा), सिर पर कटोरे और दांतों पर पत्थर।

5. उसकी नाक के दोनों ओर दो सुवा।

6. यदि सवा एक ही हो, तो उसी के दो टुकड़े कर दिए जाएं।

7. दोनों कानों के पास प्रसित्रहरण अर्थात ये बरतन जिनमें ब्राह्मण की याज्ञिक भोजन-सामग्री रखी जाती थी।

8. यदि प्रसित्रहरण एक हो, तो उसी के दो टुकड़े कर दिए जाएं।

9. पेट पर पत्री नामक बरतन।

10. वह चषक या प्याला जिसमें याज्ञिक भोजन-सामग्री का हिस्सा रखा जाता है।

11. गुप्तांगों पर शमी नाम की लकड़ी।

12. जांघों पर दो जलती हुई लकड़ियां।

13. टांगों पर चूना और पत्थर।

14. पांवों पर दो टोकरियां।

15. यदि एक ही टोकरी हो, तो उसी के दो हिस्से करके।

16. जो खोखली चीजें हैं उनमें घृत छिड़ककर उन्हें भरा जाता है।

17. मृत व्यक्ति के पुत्र को चक्की का नीचे और ऊपर का पाट उठाना चाहिए।

18. तांबे, लोहे तथा मिट्टी के सामान।

19. मादा पशु के पेट की झिल्ली निकालकर ऋग्वेद (10, 16, 7) का यह मन्त्र कि "उस बाजू पर जो तेरी आगे से रक्षा करेगा और जो गौ से प्राप्त होता है" पढ़ते हुए उसके द्वारा मृत व्यक्ति का सिर और मुख ढांप देना चाहिए।

20. पशु के अण्डकोष को निकालकर मृत व्यक्ति के हाथों में रख दें। साथ में यह मन्त्र भी

पढ़ें- 'शमी के दोनों पुत्र दोनों कुत्तों से बचे', दाहिने हाथ में दाहिना अण्डकोष, बायें में बाया।

21. मृत-व्यक्ति के हृदय पर वह पशुओं का हृदय रखता है।

22. कुछ आचार्यों के विचारानुसार आटे या चावल की दो मुट्ठियां भी।

23. कुछ आचार्यों के विचारानुसार यह तभी जब अण्डकोष प्राप्त न हो।

24. पशु के अंग-अंग का बंटवारा करके और उनको मृत व्यक्ति के उन्हीं अंगों पर रखकर और उसके चमड़े से ढककर वह यह मन्त्र पढ़ता है कि 'हे अग्नि! जब प्रणीता जल आगे ले जाया गया है, तो इस चषक को मत उलट। '

25. अपना बायां घुटना झुकाकर उस दक्षिण अग्नि में 'अग्नये स्वाहा, कामाय स्वाहा, लोकाय स्वाहा, अनुमयते स्वाहा' कहकर आहुति डालनी चाहिए।

26. मृत व्यक्ति की छाती पर पांचवीं आहुति दी जानी चाहिए। साथ में यह मन्त्र - 'निश्चय से इससे हजारों का जन्म हुआ है। अब वह इसमें से पैदा हो। स्वर्ग के लिए स्वाहा।'

ऊपर के 'आश्वलायन गृह्यसूत्र के उद्धरण से यह स्पष्ट है कि प्राचीन हिन्दी - आर्यों में जब कोई लोग मरता था तो एक पशु की बलि दी जाती थी और उस पशु का अंग-प्रत्यंग मृत व्यक्ति के अंग- प्रत्यंग पर रखकर ही उसे जलाया जाता था।

गोहत्या तथा गोमांसाहार के बारे में प्रमाणों की यह अवस्था है। इनमें से कौन-सा पक्ष सत्य माना जाए? सच्ची बात यह मालूम देती है कि 'शतपथ ब्राह्मण' और आपस्तम्बद धर्मसूत्र के ऐसे लेख जो हिंदुओं को गोहत्या तथा गोमांसाहार का विरोधी बताते हैं, केवल अत्यधिक गोहत्या तथा गोमांसाहार के विरुद्ध की गई प्रेरणाएं हैं। वे गो-हत्या का निषेध नहीं करते हैं। वास्तव में इन प्रेरणाओं से यही सिद्ध होता है कि उस समय गो हत्या तथा गो मांसाहार एक सामान्य बात हो गई थी। इन प्रेरणाओं के बावजूद गो-हत्या तथा गो मांसाहार जारी रहा। यह उपदेश प्राय व्यर्थ हो जाते थे, यह आर्यों के महान ऋषि याज्ञवल्क्य के आचरण से सिद्ध होता है।

शतपथ ब्राह्मण का जो प्रथम अनुच्छेद ऊपर उद्धृत किया गया है, वह याज्ञवल्क्य के ही संबोधन करके कहा गया था। याज्ञवल्क्य ने उसका क्या ना दिया? उस उपदेश को सुनकर याज्ञवल्क्य बोला-

"मैं तो इसे खाता हूं, यदि यह कोमल हो।"

एक समय हिन्दू गोहत्या करते रहे हैं और गो-मांसाहार भी करते रहे हैं। यह बात बौद्ध सूत्रों में दिए गये यज्ञों के वर्णन से बहुत अच्छी तरह सिद्ध होती है। बौद्ध-सूत्रों का समय वेदों और ब्राह्मण ग्रन्थों के बहुत बाद का है। जिस परिमाण में गौओं और अन्य पशुओं की हत्या होती थी, वह भयानक है। ब्राह्मणों ने धर्म के नाम पर जो हत्याएं की हैं, उनका लेखा-जोखा संभव नहीं है। हां, इस कसाईपन का कुछ अन्दाजा बौद्ध वाड्मय के कुछ उद्धरणों से लग

सकता है। उदाहरण के तौर पर हम कूटदन्त सूत्र का उल्लेख कर सकते हैं, जिससे बुद्ध ने करदन्त ब्राह्मण को पशु-हत्या न करने का उपदेश दिया है। बुद्ध हालाकि व्यंग की भाषा नहीं बोल रहे हैं, तो भी उनके कथन से वैदिक युग के कर्मकाण्ड का एक अच्छा चित्र उपस्थित होता है। उनका कहना है-

"और आगे, हे ब्राह्मण, उस यज्ञ में न बैल मारे गए, न बकरियां, न मुर्गे, न मोटे सूअर और न कोई प्राणी ही मृत्यु के घाट उतारे गए। खंभों के लिए कोई वृक्ष भी नहीं काटे गए। यज्ञमण्डप के गिर्द लपेटने के लिए दर्भ घास भी नहीं छीली गई और उसमें जो दास या दूसरे कर्मकार थे, वे भी न मार से, न भय से काम करते थे और न काम करते समय उसके चेहरों से आंसू ही ढलते थे।"

दूसरी और कूटदन्त बुद्ध, धम्म इस प्रकार के यज्ञों में जो भयानक पशु बलि दी जाती है, उसका कुछ हाल बताता है। उसका कहना है-

"मैं बुद्ध, धर्म और संघ की शरण ग्रहण करता हूं। आज से भन्ते! यावज्जीवन मुझे त्रिशरण प्राप्त उपासक जान, मैं खुद, हे गौतम, अब सात सौ वृषभ, सात सौ तरुण बैल, सात सौ बछड़े, सात सौ बकरियां और सात सौ भेड़ों को मुक्त करता हूं। वे घास खाएं, ठण्डा पानी पिएं और ठंडी-ठंडी हवाओं का आनन्द लें।"

संयुक्त निकाय के कोशल- नरेश प्रसेनजित द्वारा किए एक यज्ञ का वर्णन दिया हैं। यह लिखा है कि "पांच सौ वृषभ, पांच सौ बछड़े और बहुत-से तरुण बैल, बकरिया और मेढ़े यज्ञ में बलि देने के लिए यूप स्तम्भ तक ले जाए गए।"

ऐसे साक्ष्य रहने पर किसी को भी इस बारे में सन्देह नहीं हो सकता कि एक समय था जब हिन्दू - चाहे ब्राह्मण हो, चाहे गैरब्राह्मण हो, न केवल मांसाहारी थे लेकिन गो मांसाहरी भी थे।

12. गैर-ब्राह्मणों ने गोमांस खाना क्यों छोड़ दिया?

हिन्दुओं की अलग-अलग जातियों या वर्गों के खान-पान की आदत और प्रकृति वैसे ही स्थिर और जड़ीभूत हो गए हैं जैसे उनके अन्य रीति-रिवाज। जिस प्रकार हम हिन्दुओं के रीति-रिवाज के आधार पर उनका वर्गीकरण कर सकते हैं, उसी प्रकार उनके खान-पान की आदत के आधार पर भी कर सकते हैं। जिस प्रकार साम्प्रदायिक दृष्टि से हिन्दू या तो शैव होते हैं या वैष्णव उसी प्रकार वे या तो मांसाहारी होते हैं या शाकाहारी।

साधारणतः मांसाहारी और शाकाहारी का यह वर्गीकरण पर्याप्त हो सकता है। लेकिन, यह मानना होगा कि यह पूरा-पूरा ठीक वर्गीकरण नहीं है। अधिक विस्तृत वर्गीकरण के लिए हमें मांसाहारी वर्ग को दो हिस्सों में बांटना होगा- (1) जो मांस खाते हैं, लेकिन गोमांस नहीं खाते, (2) जो गोमांस भी खाते हैं। दूसरे शब्दों में खान-पान को लेकर हिन्दू समाज के तीन हिस्से होंगे - (1) जो शाकाहारी हैं, (2) जो मांसाहारी हैं लेकिन गोमांस नहीं खाते, (3) जो गोमांस भी खा लेते हैं। इसी वर्गीकरण से मेल खाता हुआ हिन्दू-समाज के तीन वर्ग या वर्ण है:- (1) ब्राह्मण, (2) गैरब्राह्मण, (3) अछूत। हालाकि यह वर्गीकरण हिन्दू समाज के चातुर्वर्ण्य के साथ मेल नहीं खाता, तो भी इसका वस्तु-स्थिति के साथ पूरा मेल बैठता है। क्योंकि ब्राह्मणों में एक ऐसा वर्ग है जो शाकाहारी है, और गैरब्राह्मणों में एक ऐसा वर्ग है जो मांस खाता है लेकिन गोमांस नहीं खाता तथा अछूतों में ही गोमांस खाने वाला भी वर्ग है।

यह त्रिविध वर्गीकरण सारपूर्ण है और इसका वस्तु स्थिति से मेल है। कोई भी यदि इस वर्गीकरण पर ध्यान से विचार करेगा तो गैरब्राह्मणों की स्थिति उसका ध्यान विशेष रूप से आकृष्ट करेगी ही। शाकाहारी होना समझ में आता है, मांसाहारी होना भी समझ में आता है। लेकिन यह बात समझ में आना कठिन है कि एक मांसाहारी केवल एक प्रकार के मांस गोमांस के खाने के विरुद्ध क्यों आपत्ति करे? यह एक गुत्थी है जिसे सुलझाने की आवश्यकता है। गैरब्राह्मणों ने गोमांसाहार क्यों छोड़ दिया? इस मतलब के लिए इस विषय के कानूनों का अध्ययन जरूरी है इससे संबंधित कानून या तो अशोक- कानून में होगा या मनु- कानून में हम अशोक से ही आरंभ करते हैं।

अशोक के वे शिलालेख, जिनका इस विषय स संबंध है, तीन हैं। शिलालेख संख्या 1, स्तम्भलेख संख्या 2 और 5 शिलालेख संख्या 1 इस प्रकार है :-

“इयं धम्मलिपी देवानं पियेन पियदसिना राजा लेखायिता इध न किचि जीवं आरभित्वा प्रजूहित्वं न च समाजो कतथवा बहुकं हि दोसं समाज हि पसति देवानं पियो पियदसी राजा। अस्ति पितु एकचा समाजा साधुमता देवानं पियस पियदसिनो राजो, पुरा महानसं हि देवानं पिय पियदसिनो राजो अनुदिसं लिपी लिखिता ती रात प्राणा आरभरे सूपाथाय, दो मोरा एको मगो सोपि मगो न धुबो एतेपि त्री प्राणा पथा न आराभसरे।'

अर्थ : यह धर्म-लेख देवताओं के प्रिय, प्रियदर्शी राजा ने लिखवाया है। यहां इस राज्य में व राजधानी में किसी जीव को मारकर होम न किया जाए और आनन्दोत्सव न मनाया जाए, क्योंकि देवताओं के प्रियदर्शी राजा समाज में बहुत दोष देखते हैं। ('समाज' का एक प्रकार का उत्सव था, जिसमें खेल- कूद, नाचना-गाना, मांस खाना, सुरा पीना आदि की ही प्रधानता रहती थी)। तथापि एक प्रकार के ऐसे समाज हैं। जिन्हें देवताओं के प्रियदर्शी राजा पसन्द करते हैं। पहले देवताओं के प्रिय प्रियदर्शी राजा की पाकशाला में प्रतिदिन कई सहस्त्र पशु सूप (शोरबा) बनाने के लिए मारे जाते थे, पर अब से जबकि यह धर्म-लेख लिखा जा रहा है, केवल तीन ही जीव मारे जाते हैं (अर्थात्) दो मोर और एक मृग। पर मृग का मारा जाना नियम नहीं। यह तीनों प्राणी भी भविष्य में न मारे जाएंगे।

स्तंभ-लेख संख्या 2 इस प्रकार है :-

“देवानं पिये पियदसि लाजा हेवं आह- धम्मे साधू कियं च धम्मे ति अपासिनवे बहुकयाने दया दाने सेच सोचय, चखुदान पि में बहुविधे दिने दुपद चतुपदसु पखिवालिचले सुविविधे में अनुगह करे आपान दाखिनाये अन्नानि पि च में बहुनि कयानानि करानि एताय में अठाए इयं धम्मलिपि लिखायिता हवं अनुपरिपजंतु पितिका च होतुतीति, ये च हेवं संवटिपजीसति से सुकट कद्दतीति।”

अर्थ : देवताओं के प्रिय प्रियदर्शी राजा ऐसा कहते है:- धर्म (करना) अच्छा है। पर धर्म क्या है? चित्त-क्लेश की न्यूनता, बहुत-से शुभ कार्य, दया, दान, सत्य और शौच (पवित्रता) का पालन करना। ज्ञान-दान भी मैंने बहुत प्रकार से दिया। दोपायों, चौपायों, पक्षियों तथा जलचरों के प्रति मैंने बहुत अनुग्रह किया। मैंने उन्हें प्राण-दक्षिणा दी तथा और भी अनेक प्रकार के उपकार किए। यह लेख मैंने इसलिए लिखवाया कि लोग इसके अनुसार आचरण करें और यह चिरस्थायी रहे। जो इसके अनुसार चलेगा, वह सुकृत करेगा।

स्तंभ-लेख संख्या 5 इस प्रकार है :-

"देवानं पियदसि लाजा हेवं अह-सद बीसति बस अभिसितेन मे ईमानि जातानि अवधियानि करानि से यथा सुके सालिका अलुसे चकवाके हंसे नंदीमुखे, गालाटे, जतूका,

अंवाक-पीलिका, दड़ी, अनठिकमछे, वेदवेयके, गंगापुटके, संकुजमछे, कफर सयके, पन्नससे सिमले संडके ओकपिंडे पलसते सेतकपोते गामकपोते सवे चतुपदय परिभाग नो एति न च खादियादि एडका च सूकनी चा गामिनी व पयकना व अवधिप पतके पिच कानि आसमासिके वधिककुटे नो कर वेये; तुसे सजीवे नो झावेतिरये; दावे अमठाये वा विहिसाये बा नो भावेतविये, जीवेन जीवे नो पुसितविये तीसु चातुमासीसु तिसायं पु निमासियं तिनि दिवसानि चातुदसं पन्नउसाय परिपदाये धुवाये चा अनुपोसथ मछेअबधिये नोपी वकितविये, एतानि चेव दिवरानि नागवानसि केवटभो-गसियानि अन्नानि पि जीवनकायानि नो हंत वियानि अठमी परवाये चातुदसाये पन्नउसासय तिसाय पुनावसने तीसु चातुं मासीसु सुदिवसाये गौने नो नीलखितविये, अजके एण्डये सूकले एवापि अन्ने नीलखियति गौने ना नीलखितविये, तिसाके पुनावसुने चातुमॉसिये चातुंमासि परवाये अस्वसा गोनसा लखने नो करविये, याव सडूडवीसति वस अभिसितेन में एताये अंतलिकाये पन्नविसति बन्धनमोखानि करनि।"

अर्थ : देवताओं के प्रिय प्रियदर्शी राजा ऐसा कहते हैं- राज्यभिषेक के 26 वर्ष बाद मैंने इन प्राणियों का वध करना मना कर दिया है। यथा-सुग्गा, मैना, अरुण, चकोर, हंस, नान्दीमु, गेलाट, जतुका (चमगादड़), अम्बाकपीलिका, दुडि (कछुवी), बेहड्डी की मछली, विदवेयक (जीवंजीवक), गंगापुपुटक, संकुजमत्स्य, कछुआ, साही, पर्णशश, बारहसिंहा, सांड, ओकपिण्ड, मृग, सफेद कबूतर, गांव के कबूतर और सब तरह के वे सब चौपाये जो न तो किसी प्रकार उभोग में आते हैं और न खाए जाते हैं। गाभिन या दूध पिलाती हुई बकरी, भेड़ी और सुअरी तथा इनके बच्चों को जो छः महीनों तक के हों, न मारना चाहिए। मुर्गों को बधिया न करना चाहिए। जीवित प्राणियों के साथ भूसी को न जलाना चाहिए। अनर्थ करने के लिए या प्राणियों की हिंसा करने के लिए वन में आग न लगानी चाहिए। एक जीव को मारकर दूसरे जीव को न खिलाना चाहिए। प्रति चार-चार महीने की तीन ऋतुओं की तीन पूर्णमासी के दिन, पौष माह की पूर्णमासी के दिन, चतुर्दशी, अमावस्या और प्रतिपदा के दिन तथा हर उपवास के दिन मछली न मारना चाहिए और न बेचना चाहिए। इन सब दिनों में हाथियों के वन में तथा तालाबों में कोई भी दूसरे प्रकार के प्राणी न मारे जाने चाहिए। हर पक्ष की अष्टमी, चतुर्दशी, अमावस्या वा पूर्णिमा तथा पुष्य और पुनर्वस नक्षत्र के दिन, हर चातुर्मास्य की पूर्णिमा को, जो दागे जाते हैं, न दागना चाहिए। पुष्य और पुनर्वस नक्षत्र के दिन, हर चातुर्मास्य की पूर्णिमा के दिन और हर चातुर्मास्य के शुक्ल पक्ष में घोड़े और बैल को न दागना चाहिए। राज्याभिषेक के बाद 26 वर्ष के अन्दर मैंने 25 बार कारागार से लोगों को मुक्त किया है। यहां तक अशोक कानून की बात रही।

अब हम मनु की ओर ध्यान दें। उसके कानूनों में मांसाहार के संबंध में निम्नलिखित व्यवस्था है:-

क्रव्यादाञ्छकुनान्सर्वास्तथा ग्रामनिवासिनः।
अनिर्दिशष्टांश्चैकशफांष्टिदृभिं च विवर्जयेत्।। 5-11

अर्थ : कच्चे मांस खाने वाले (गिद्ध आदि) और गांव-घर में रहने वाले (कबूतर आदि) पक्षी का मांस न खाएं। जिनके नाम को निर्देश न किया गया हो, ऐसे एक खुरवाले घोड़े और गधे आदि भी अभक्ष्य हैं। टिटिहरी पक्षी का मांस भी वर्जित है।

कलबिङ्क प्लवं हंस चकांद ग्रामकुक्कुटम्।
सारसं रज्जुवालं य दात्यूहं शूकसारिके।। 5,12

अर्थ : कलबिंक (गौरेया), पपीहा, हंस, चकवा, ग्राम-कुक्कुट (मुर्गा), सारक, बत्तक, रज्जुवल, जलकाक, सुग्गा और मैना, इन पक्षियों का मांस न खाएं।

प्रतुदाञ्जालपदांश्च कोयष्टि नखविकिष्करान्।
निमज्जतश्च मत्स्यादान्शौनं वल्वूरमेव च।। 5,13

अर्थ : कठफोड़ा और जिनके चंगुल झिल्ली से जुटे हों वे जलमुर्गा, नख से विर्दीण कर खाने वालों (बाज आदि) और पानी में डूबकर मछली खानेवाले पक्षी, वधस्थान का मांस और सूखा मांस वर्जित है।

बकं चैव बलाकां खंजरीटकम्।
मत्स्यादान्विड वराहांश्च मत्स्यानेव च सर्वशः।। 5,14

अर्थ : बगुला, वलाका, द्रोणकाक, खंजन, मछली, खानेवाले जल - जीव (मगर आदि), ग्राम्य शूकर और सब प्रकार की मछलियां न खाएं।

यो यस्य मांसश्नाति स तन्मांसाद उच्चते।
मस्त्यादःसर्वमांसादतस्तस्मान्मत्स्यान्विर्जयेत्।। 5, 14

अर्थ : जो जिसका मांस खाता है, वह उसका मांस खानेवाला कहलाता है। मछली सबका मांस खाती है, जो मछली खाता है, वह सब मांसों को खाने वाला है, इसलिए मछली न खाएं।

पाठीनरोहितावाद्यौ नियुक्तौ हज्यकव्ययोः।
राजीवा सिंह तुण्डाञ्च सशल्कांश्चैव सर्वशः ॥ 5,16

अर्थ : पाठीन (बुआरी) और रोहित (रोहू) मछली हायकाय के लिए प्रशस्त कही गयी हैं। राजीव, सिंहतुण्ड और मोटी खाल वाली सब मछलियां खाद्य हैं।

न भक्षयेदेकचरानज्ञातांछ मृगद्विजान।
भक्ष्येष्वपि समुद्दिष्टान्सर्वान्पञ्च मृगद्विजान् ॥ 1,17

अर्थ : अकेले चलने और रहने वाले सपदि जीवों को, भक्ष्यों में कहे गए वे पशु-पक्षी जो परिचित न हों उन्हें और पंच नख वाले वानरादि प्राणियों को न खाएं।

श्वाविधं शल्यक गोधां खंडकूर्मशशांस्तथा।
भक्ष्यान्पञ्चनखेष्वाहुरनुष्ट्रांश्चैकतोदतः।।

अर्थ : पंचनखियों में सेध, साही, गोह, गैंडा, कछुआ और खराहा तथा एक ओर दांत वाले पशुओं में ऊंट को छोड़कर बकरे आदि भक्ष्य हैं, ऐसा कहा गया है।

पशुओं की हत्या के बारे में अशोक और मनु के जो कानून हैं, वे यहां आ गए। निस्संदेह हमारा विषय मुख्य रूप से गोहत्या है। अशोक के कानून की परीक्षा करने पर सवाल उठता है कि क्या गोहत्या निषिद्ध ठहराई गई थी? इस बारे में मतभेद मालूम होता है। प्रो. बिन्सेन्ट स्मिथ का विचार है कि अशोक ने गोहत्या का निषेध नहीं किया था। अशोक के कानूनों पर टिप्पणी करते हुए इस बारे में प्रो. स्मिथ कहते हैं :-

"यह बात ध्यान देने की है कि अशोक के कानूनों में गोहत्या का निषेध नहीं है, ऐसा लगता है कि वह गैरकानूनी नहीं थी।"

प्रो. राधाकुमुद मुकर्जी प्रो. स्मिथ से सहमत नहीं हैं, उनका कहना है कि अशोक ने गोहत्या पूरी तरह बन्द कर दी थी। प्रो. मुकर्जी का आधारस्तंभ लेख संख्या 5 का वह हत्या से दूर का उद्धरण है जो सभी चौपायों पर लागू था। उनका तर्क है कि इस तरह गोहत्या से छूट मिल गई थी। स्तंभ लेख में जो कुछ कहा गया है, उसका यह ठीक अर्थ नहीं है। स्तंभ-लेख में जो कथन है, वह विशेषता लिए हुए है। वह सभी चौपायों पर लागू नहीं होता। वह केवल उन चौपायों पर लागू होता है जो 'न तो किसी प्रकार के उपयोग में आते हैं, न खाए जाते हैं।' गौ को हम ऐसा चौपाया नहीं कह सकते जो न तो किसी प्रकार के काम में आता हो और न खाया ही जाता हो। ऐसा लगता है कि प्रो. स्मिथ का यह कथन ठीक है कि अशोक ने गो- वध बन्द नहीं किया था। प्रो. मुकर्जी यह कहकर इस कठिनाई से बच निकलने का कोशिश करते हैं कि अशोक के समय गोमांस नहीं खाया जाता था और इसलिए उनकी निषेधात्मक आज्ञा गौ पर भी लागू होती है। प्रो. मुकर्जी का कथन एकदम बेहूदा है, क्योंकि गौ ऐसा पशु है जिसे सभी वर्ग के लोग ही खाते थे।

प्रो. मुकर्जी की तरह अशोक के स्तंभलेख के साथ खींचतानी करके यह अर्थ निकालने की कोई आवश्यकता नहीं कि अशोक ने गोहत्या कानून से बन्द कर दी थी, मानो ऐसा करना उनका विशेष कर्तव्य था। अशोक का गौ से किसी तरह का कोई खास सरोकार नहीं था, और न इसे वे अपना खास कर्तव्य ही समझते थे कि गौ को हत्या से बचाएं। अशोक प्राणी मात्र पर चाहे मनुष्य हो, चाहे पशु हो दया दिखाना चाहते थे। उन्हें अपना यह कर्तव्य मालूम था कि जहां-जहां अनावश्यक रूप से पशु-हत्या होती हो, वहां- वहां सब जगह बन्द कर दे। यही कारण है कि उन्होंने यज्ञों के लिए पशु-वध का निषेध किया। यह उन्हें अनावश्यक लगा। उन्होंने उन 'पशुओं' को भी निषिद्ध ठहराया जो किसी उपयोग में नहीं आते या जो खाए नहीं

जाते। अशोक ने विशेष रूप से गो. वध के विरुद्ध कोई कानून नहीं बनाया। यदि हम बौद्ध दृष्टिकोण समझ लें, तो इस बात को लेकर अशोक पर कोई दोषारोपण नहीं किया जा सकता।

जब हम मनु को लेते हैं तो उसने भी गोहत्या के विरुद्ध कोई कानून नहीं बनाया बल्कि उसने तो विशेष अवसरों पर गो-मांसाहार अनिवार्य ठहराया है।

तो गैरब्राह्मणों ने गो मांसाहार क्यों छोड़ दिया? उनके इस 'त्याग' का कोई कारण - जो ऊपर ही दिखाई दे जाए- नहीं मालूम देता। लेकिन इसका कोई-न-कोई कारण होना ही चाहिए। जो कारण मुझे सूझता है, यह है कि गैरब्राह्मणों ने ब्राह्मणों का अनुकरण करने के कोशिश में गोमांस खाना छोड़ा। यह एक नया सुझाव हो सकता है; किंतु यह कोई असंभव सुझाव नहीं। श्री जबरील तार्द नाम के फ्रांसीसी लेखक ने संस्कृति के बारें में लिखा है कि वह किसी निम्न स्तर के वर्ग-विशेष में अपने से ऊंचे स्तर के वर्ग की संस्कृति की नकल करने से फैलती है। यह नकल करना हालाकि धीरे-धीरे होता है, किंतु यह मशीन की तरह अपना काम इस तरह करता है, जैसे कोई भी प्राकृतिक नियम। जबरील तार्द ने नकल करने के जिन नियमों की चर्चा की है, उनमें एक यह है कि नीचे के वर्ग के लोग हमेशा ऊपर के वर्ग के लोगों की नकल करते हैं। यह एक ऐसी सामान्य जानकारी की बात है कि शायद ही कोई लोग इसकी यथार्थता को अस्वीकार करे।

गैरब्राह्मणों में जो गो-पूजा भाव उदय हुआ और उन्होंने जो गो-मांस खाना छोड़ दिया, इसमें जरा सा भी भी सन्देह नहीं कि वह अपने से ऊंचे दर्जे के ब्राह्मणों की नकल करने के कोशिश का ही परिणाम है। यह भी सत्य है कि ब्राह्मणों द्वारा गो पूजा के पक्ष में बहुत प्रचार कार्य किया गया है। गायत्री पुराण इस प्रचार कार्य का एक नमूना है। लेकिन मूलतः यह नकल करने के प्राकृतिक नियम का ही परिणाम है। हां, अब इससे एक दूसरा सवाल उठता है- ब्राह्मणों ने गोमांस खाना क्यों छोड़ा?

❒

13. ब्राह्मण शाकाहारी क्यों बन गये?

यह स्पष्ट है कि गैरब्राह्मणों में एक क्रान्ति हुई। गोमांसाहार छोड़ देना एक क्रांति ही थी। लेकिन यदि गैरब्राह्मणों में एक क्रांति हुई, तो ब्राह्मणों में जोरदार डबल प्रतिक्रांति हुई। उन्होंने गोमांस खाना छोड़ा, यह एक क्रांति हुई और मांसाहार हमेशा त्यागकर शाकाहारी बन जाना, दूसरी क्रांति।

वाकई यह एक क्रांति थी। क्योंकि एक समय था जब ब्राह्मण सबसे बड़े गोमांसाहारी थे। हालाकि गैरब्राह्मण लोग भी गौ मांस खा लेते थे, लेकिन उनको यह रोज-रोज सुलभ नहीं हो सकता था। गौ एक मूल्यवान पशु था और गैरब्राह्मण लोग केवल भोजन के लिए गोहत्या करें, यह उनके लिए बहुत कठिन था। वे खास समयों पर ही ऐसा कर सकते थे, या तो उनका धार्मिक कर्तव्य या किसी देवता को प्रसन्न करने का व्यक्तिगत स्वार्थ मजबूर करता था। लेकिन ब्राह्मण की बात दूसरी थी। वह पुरोहित था। कर्मकाण्ड के उस युग में शायद ही कोई दिन ऐसा हो जब किसी यज्ञ के निमित्त गोवध न होता हो और जिसमें कोई गैरब्राह्मण किसी ब्राह्मण को न बुलाता हो। ब्राह्मण के लिए हर दिन गो मांसाहार का दिन था। इसलिए ब्राह्मण सबसे बड़े गोमांसाहारी थे। ब्राह्मणों का यज्ञ धर्म के नाम पर निरपराध पशुओं की हत्या के आयोजन के अलावा और कुछ नहीं होता था। यह बड़े ठाट-बाठ के साथ होता था और अपनी गौमांस लिप्सा को छिपाये रखने के लिए उसे 'रहस्यपूर्ण' बनाने की कोशिश की था। इस रहस्यमय ठाठ-बाठ की कुछ जानकारी पशु-हत्या के सम्बन्ध में ऐतरेय ब्राह्मण ग्रंथ में जो कुछ सूचनाएं दी गयीं, उनसे हो सकती हैं।

पशु की हत्या से पहले बे-हिसाब लम्बे और विविध मन्त्रों के साथ प्रारम्भिक संस्कार किया जाता था। यज्ञ की मुख्य बातों की एक कल्पना का उदाहरण दे देना पर्याप्त है। यज्ञ स्तम्भ को ही 'यूप' कहते हैं। उसी की स्थापना से यज्ञ आरम्भ होता है। यूप की आवश्यकता बताने के अनन्तर ऐतरेय ब्राह्मण 'इसका अर्थ दिया है :-

"ब्रजो वा एष यदियूपएं सोऽष्टीश्रः कर्तव्योऽष्टाश्रिर्वे वज्रस्तं तं प्रहरति।
भ्रातृव्याय वधं योऽस्य तृत्स्तस्मै स्तर्तव, इति।"
"वज्रो वै यूपस एष द्विषतो बध उद्यतरष्ठति तस्माद्धार येत्तहि यो

देष्टि तस्याप्रिय भवत्यमुष्ययायं यूपोऽमुष्ययायं इति दृष्ट्वा, इति।"

अर्थ : 'यूप' एक शस्त्र है। इसके सिरे के आठ किनारे होने चाहिए। क्योंकि एक शस्त्र (लोहे के बल्लम) के आठ कोने होते हैं। जब भी वह उससे किसी शत्र या विरोधी पर प्रहार करता है, तो उसे मार डालता है यह शस्त्र जिसे अभिभूत करना हो, उसे अभिभूत कर देता है। 'यूप' एक शस्त्र है, जो शत्रु के विनाश के लिए सीधा खड़ा रहता है। इससे यज्ञकर्ता का शत्रु जो (यज्ञ में) उपस्थित हो सकता है, उस 'यूप' को देखकर दुःख को प्राप्त होता है।

यूप के लिए लकड़ी यज्ञकर्ता के यज्ञ करने के उद्देश्य के अनुसार अलग-अलग प्रकार की चुनी जाती है। ऐतरेय ब्राह्मण का कथन है :-

"खदिरं यूप कुर्वीत स्वर्गकामःखदिरेण वै यूपैन देवाः स्वर्ग
लोकमजयंस्तथैवैतद्यजमानः खदिरेण यूपेन स्वर्ग लोकं जयति, इति।"

अर्थ : जो स्वर्ग चाहता है, उसे अपना 'यूप' खदिर की लकड़ी का बनाना चाहिए, क्योंकि देवताओं ने खदिर की लकड़ी के यूप से ही दिव्य-लोक को जीता। उसी प्रकार यज्ञकर्ता खदिर लकड़ी से बने हुए 'यूप' से दिव्य - लोक को जीतता है।

"विल्वं यूप कुर्वीतान्नाद्यकामः पुष्टिकामः समां समां बै विल्व
गृभीतस्तदन्नाद्यस्य रूपमामूलाच्छाखाभिरनुचितस्तत्पष्टे; इति।"

अर्थ : जो भोजन चाहता है और स्थूलता चाहता है, उसे अपना 'यूप' बेल (विल्व) की लकड़ी का बनाना चाहिए। बेल के पेड़ को प्रतिवर्ष फल लगते हैं। यह उर्वरता का प्रतीक है क्योंकि यह जड़ से शाखाओं तक (प्रतिवर्ष) आकार में बढ़ता रहता है, इसलिए यह मोटापे का प्रतीक है। जो यह जानता है और इसलिए अपना 'यूप' बेल की लकड़ी का बनाता है, उसके बच्चे और पशु मोटे होते हैं।

"पुष्यति प्रजां च पशूश्च य एवं विद्वान्चल्वं यूपं कुरुते, इति।
यदेव वैल्वां 3 विल्वं ज्योरिति वा आचक्षते, इति।
ज्योतिः वेषु भवति श्रेष्ठःस्वानां बवति य एवं वेद, इति।"

अर्थ : बेल की लकड़ी से बने यूप के बारे में इतना और कहना है जो विल्व को बार-बार 'प्रकाश' कहता है और ऐसा जानता है वह अपने खुद में 'प्रकाश' बन जाता है और अपने खुद में सबसे श्रेष्ठ।

"पलाशं यूपं तेजकसमो ब्रह्मवर्चकाकस्तेजो वै ब्रह्मवर्चसं बनस्पताना पा इति।"

अर्थ: जो सौन्दर्य और पवित्र विद्या चाहता है, उसे अपना 'यूप' पलाश की लकड़ी का बनाना चाहिए। क्योंकि पलाश सौन्दर्य और पवित्र विद्या का पेड़ है। जो यह जानता है और

इसलिए अपना 'यूप' पलास की लकड़ी का बनाता है, वह सुन्दर हो जाता है और पवित्र विद्या प्राप्त करता है।

"यदेव पालाशं 3 सर्वेषां वा वनस्पतीनां योनिर्यत्पलाशस्तस्मात्पलाशस्यैव
पलशेना चक्षतेऽमुष्य पलाशमण्य पलाशमिति इति।"
"सर्वेषां हास्य वनस्पतीनां काम उपाप्तो भरति य यवं वेद, इति।"

अर्थ : पालाश की लकड़ी से बने 'यूप' के बारे में (इतना और वक्तव्य है) कि पलाश सब वृक्षों का गर्भ है। इसीलिए वे उस या उस वृक्ष के पलास की बात करते हैं जो यह जानता है, उसकी सभी इच्छाएं, किसी पेड़ से भी क्यों न हों, पूरी होती हैं।

इसके बाद 'यूप' के अभिषेक का संस्कार होता है अञ्जमो।

युपमनुब्रू होत्याहाध्वर्यः अतन्ति त्वामध्वरे देवयन्त इत्यन्चाह, इति।
अध्वरे से नं देवयन्तोऽञ्जन्ति, वनस्पते मधुना देव्येनेत्येतद्वै मधु देव्यं यदाज्यम्,
यदूध्वस्तिष्ठा द्रविणेह धत्ताद्यद्वा क्षयो मातुरस्या उपस्थ, इति।
यदि च तिष्ठासि यदि च शयासै द्रविणमेवास्मासु धत्तादित्येव तदाह, इति।

अर्थ : अध्यर्बु कहता है- "हम 'यूप' का अभिषेक करते हैं। अपेक्षित मन्त्र पढ़ो।" तब होता मन्त्र पढ़ता है-"अञ्जन्ति त्वां अध्वरे" अर्थात हे वृक्ष पुरोहित दिव्य मधु (मक्खन) से तेरा स्वागत करते हैं। यदि तू यहां सीधा खड़ा है, या यदि तू अपनी माता (पृथ्वी) पर लेटा हुआ है, तो हमें धन दे।" "दिव्य- मधु' पिघला हुआ मक्खन है, जिससे पुरोहित 'यूप' का अभिषेक करते हैं। दूसरे आधे मन्त्र 'हमें दे' आदि का अर्थ है "चाहे तुम खड़े हो, चाहे लेटे हो, हमें धन दो।" (3,8,1)

"जातो जाएते सुदिनत्वे आन्हमिती, इति।
जातो ह्येष एतजाएते, इति।
समर्थ आ विदथे वर्धमान इति। वर्धयन्त्येवैनं तत्, इति।
पुनन्ति धीरा अपसो मनीषेति पुनन्त्येवैनं तत् इति।
देवया वित्तं उदियतिं वाचमिति देवभ्य एवैनं तन्निवेदयति इति।"

अर्थ : (तब होता दोहराता है) - "उत्पति के बाद वह (यूप) अपने जीवन के मध्यकाल में मरणशील मनुष्यों के यज्ञ के उपभोग में आता है। बुद्धिमान लोग उसे (यूप को) सजाने में संलग्न हैं। वह देवताओं के व्याख्यान पटु दूत की तरह अपना स्वर ऊंचा करता है कि देवता उसे सुन सकें। "वह (यूप) जात अर्थात उत्पन्न कहलाता है, क्योंकि वह इस श्लोक के प्रथम चरण के उच्चारण से पैदा होता है। वर्धमान (शब्द से) अर्थात् 'बढ़ना' से वे उसे (यूप को) इस प्रकार बढ़ाते हैं। पुनन्ति (शब्द से) अर्थात पवित्र करना, सजाना वे उसे इस प्रकार पवित्र करते

हैं। 'एक व्याख्यान - पटु दूत' शब्दों से वह देवताओं को यूप के अस्तित्व की सूचना देता है। होता यज्ञ स्तम्भ के अभिषेक के संस्कार को समाप्त करता है। उस समय वह पढ़ता है-

"युवा सुवासाः परिवीत आगादित्युतमया परिदधाति, इति।
प्रणो वै युवा सुवासः सोऽयं शरीरैः परिवृत; इति।"

स उ श्रेयान् भवति जाएमान इति श्रेयाच्छे यान्ह्येष एतद्भवति जायमान; इति तं धीरासः कवय उन्नयन्ति स्वाध्यो मनसा देवयन्त इति ये वा अनूचानास्ते कवयस्त वैनं तदुन्नयन्ति इति।

अर्थ : अर्थात् पट्टी से सजा हुआ यूप आ पहुंचा। वह (उन सब वृक्षों) से जो कभी उत्पन्न हुए हों, बढ़कर बुद्धिमान् पुरोहित अपने अन्तस् सु-व्यवस्थित विचारों के मन्त्र-पाठ द्वारा उसे उठाते हैं। पट्टी से सजा हुआ युवा जीवनदायिनी वायु (आत्मा) है, जो शरीर के अंगों द्वारा ढका है। 'वह बढ़िया है ' इत्यादि शब्दों से उसका अर्थ है कि वह 'यूप' बढ़िया होता जा रहा है। (अधिक श्रेष्ठ, सुन्दर) इस मन्त्र के बल से।

इससे आगे का संस्कार आग से यज्ञ स्तम्भ की परिक्रमा करना है। इस संबंध में ऐतरेय ब्राह्मण की निम्नलिखित सूचना है

"पर्यग्नेय क्रियाणामनुबू हीत्याध्वर्यु, इति।"
"अग्निर्होता नो अध्वर इति तृचमाग्नेयं गायत्रमन्वाह पर्यग्नि क्रिमाणे स्वयैवैनं तदैवतया स्वेनच्छान्दसा समर्धति, इति।'

अर्थ : जब पुश के चारों ओर आग घुमाई जाती है तो अध्वर्यु होता से कहता है- अपना मंत्र पाठ करो। तब होता अग्नि को संबोधित करके गायत्री छंद में रचे गए तीन मन्त्रों को पढ़ता है 'अग्निर' होता नो अध्वरे.... (4, 15, 1-3) अर्थात (1) हमारा पुरोहित 'अग्नि' एक घोड़े की तरह घुमाया जा रहा है। वह देवताओं में यज्ञ का देवता है। (2) एक रथी की तरह अग्नि-यज्ञ के पास तीन बार गुजरता है, वह देवताओं के पास आहुति ले जाता है। (3) भोजन का अधिष्ठाता 'अग्निऋषि' आहुति के गिर्द घुमा; वह यज्ञकर्ता को धन देता है।

"वाजी सन्परिणीयत इति वाजिनमिव ह्येनं सन्तं परिणयन्ति इति।
अछूत कौन थे और वे अछूत कैसे बने?
परित्रिविष्टयध्वरं यात्यग्नी रथीरिवेत्येष हि रथीरिवाध्वरं परियाति, इति।
परिवाजपति कविरित्येष हि वाजानां पतिः इति।"

अर्थ : जब पशु के गिर्द अग्नि लेकर घूमा जाता है, तो उसे अपने देवता और अपने छन्दस के द्वारा यशस्वी बनाता है। वह 'एक घोड़े की तरह ले जाए जाता है' का अर्थ है कि वह उसे घुमाते हैं मानो वह कोई घोड़ा हो। 'एक रथी की तरह अग्नि तीन बार यज्ञ के पास से

गुजरती है' का अर्थ है वह एक रथी की तरह (शीघ्रता से) यज्ञ के गिर्द घूमती है। वह वाजपति (भोजन अधिष्ठाता) कहलाता है, क्योंकि वह (तरह-तरह) के भोजनों का अधिष्ठाता है।

अर्ध्वय कहता है- "अत्तः उपप्रेष्य होतर्हव्या देवेभ्य इत्याहाध्वर्युः इति।"

अर्थ : हे होताः! देवताओं को आहुति देने के लिए अलावा आज्ञा दो। तब होता बधिकों को आदेश देता है :

"दैव्यः शमितार आरभध्वमुत मनुष्या इत्याह, ये चैव देवानां
शमितारो ये च मनुष्याणां तानेव तत्सशास्ति, इति।"

अर्थ : हे दिव्य बधिको! (अपना कार्य) आरंभ करो और तुम जो मानवीय बधिक हो, वह भी। इसका अर्थ है कि वह सभी बधिकों को, चाहे वे देवताओं में हों, चाहे लोगों में, आज्ञा देता है कि वे (आरंभ करें)।

'उपनयत मेध्या आशासनाना मेध पतिभ्यां मेघमिति, इति।"

अर्थ : वध करने के शस्त्र यहां लाओ, तुम लोग जो यज्ञ के दोनों स्वामियों की ओर से क्या आदेश दे रहे हो।

"पशुचें मेध यजमानो मेधपतिर्यजमानमेव तत्स्वेन मेधेन समर्धयति, इति।
अथो खल्वाहुर्यस्यै वारकस्यै च देवतायै पशुरालभ्यते सैव मेधपतिरिति, इति।"
"यद्येकदेवत्यः पशुः स्यान्मेधपतय इति ब्रयाद्यादि द्विवेवत्यों
मेधपतिभ्यमिति यदि बहुदेवत्यो मेधपतिभ्यत इत्येतदेव स्थितम्, इति।"

अर्थ : पशु आहुति है, यज्ञ - कर्ता आहुति का स्वामी है। इस प्रकार होता यज्ञ-कर्ता को उसकी अपनी आहुति से यशस्वी बनाता है। इसीलिए वे सत्य कहते हैं- जिस देवता के लिए भी पशु का वध किया जाता है, वही उसका स्वामी है। यदि एक ही देवता के लिए 'पशु' की बलि दी जाती हो, तो पुरोहित को कहना चाहिए 'मेधपतये' अर्थात यज्ञ के स्वामी के लिए (एक वचन), यदि दो देवताओं के लिए, तो उसे द्विवचन का प्रयोग करना चाहिए- यज्ञ के दोनों स्वामियों के लिए। यदि अनेक देवताओं के लिए, तो उसे बहुवचन का प्रयोग करना चाहिए- यज्ञ के स्वामियों के लिए। यही निश्चित धर्म है।

"प्राष्मा अग्नि भरतेति, इति।
पशुवै नीयमानः स मृत्यु प्रापश्यत्स देवानान्वकामयतैतुं तं देवा अब्रु
वर्षेहि स्वर्ग वै त्वा लोकां गमिष्याम इति स तथेत्यब्रवीत्स्य वै में युष्माकमेकः
पुरस्तादेत्विति तथेति तस्याग्निः पुरस्तादैत्सोऽग्नि मनुप्राच्यवत, इति।
तस्मादाहुरोग्नेयो वाव सर्वः पशुरग्नि हि सोऽनुप्राच्यवेतेति, इति।

तस्माद्वस्याग्नि पुरस्ताद्धरन्ति, इति।"

अर्थ : तुम उसके लिए अग्नि लाओ। पशु को जब वध स्थान की ओर ले जाया गया, तो उसने अपने सामने मृत्यु को देखा। वह देवताओं के पास नहीं जाना चाहता था, तब देवताओं ने उसे कहा- "आओ, हम तुम्हें स्वर्ग पहुंचाएंगे।" पशु मान गया और बोला- "तुममें से एक को मेरे आगे-आगे चलना चाहिए।" देवताओं ने स्वीकार किया। तब अग्नि पशु के आगे-आगे चला और पीछे-पीछे। इसी से वे कहते हैं कि हर पशु पर अग्नि का अधिकार है, क्योंकि पशु अग्नि के पीछे-पीछे चला। इसीलिए वे पशु के आगे-आगे अग्नि ले जाते हैं।

"स्तृणीत वर्हिरित्योषध्यात्मा वं पशुः पशुमेव तत्सर्वात्मानं करोति, इति।"

अर्थ : पवित्र दूध बिखेर दो! पशु वनस्पति पर जीता है। होता इस प्रकार पशु को उसकी समस्त आत्मा देता है, (क्योंकि वनस्पति उसका हिस्सा समझी जाती है)।

पशु के चारों ओर आग घुमा चुकने के बाद पशु यज्ञ के लिए पुरोहितों को दिया जाता है। यज्ञ के लिए पशु का समर्पण कौन करे? इस विषय में ऐतरेय ब्राह्मण की आज्ञा है :-

"अन्वेनं माता मन्यातामनु पितानु भ्राता सगर्योऽनु सखा सयूथ्य इति।
जनिवैरेधैन तत्समनु मतमालभन्ते इति।"

अर्थ : माता, पिता, भाई, बहन, मित्र और साथियों को चाहिए कि वे वध करने के लिए पशु का समर्पण करें। (जिस समय ये शब्द कहे जाते हैं, वे उस पशु को पकड़ लेते हैं, जिसके बारे में यह माना जाता है कि वह माता-पिता आदि के द्वारा हमेशा परित्यक्त है।)

इस सूचना को पढ़कर आश्चर्य होता है- लगभग हर किसी के लिए इसकी क्या आवश्यकता है कि वह पशु को यज्ञ के लिए समर्पित करने के संस्कार में हिस्सा ले। कारण स्पष्ट है। यज्ञ में हिस्सा लेने के अधिकारी पुरोहितों की कुल संख्या सत्रह थी। स्वाभाविक तौर पर वे मृत पशु की पूरी की पूरी लाश अपने ही लिए ले लेना चाहते थे।

अर्थ यह कि ब्राह्मण ही सारी लाश पाता था। केवल पशु की टांगें ही यज्ञ कर्ता और उसकी धर्म पत्नी के हिस्से में आती थीं।

वास्तव में यदि उन्हें सारी की सारी लाश अपने ही लिए न मिले, तो वे सत्रह पुरोहितों में कुछ ठीक-ठीक बांट भी नहीं सकते थे। विधानानुसार से ब्राह्मणों को पशु की सारी की सारी लाश मिल भी नहीं सकती थी, जब तक कि पशु पर किसी प्रकार का भी अधिकार जता सकने वाला हर लोग अपने उस अधिकार को हमेशा छोड़ न दे। इसीलिए उक्त सूचना में जो लोग पशु के साथ आया हो, उसे भी अपना अधिकार छोड़ देने का आदेश है।

अब पशु को वध करने का 'विधि-विधान' आता है। ऐतरेय ब्राह्मण पशु की हत्या करने के 'विधि- विधान' का ब्यौरा इस प्रकार देता है।

"उदाचीनां अस्य पदो निधत्त, तूसूर्य चक्षुगर्भयतात् वात प्राणमन्चवसृज्ञतात्।
अन्तक्षरिमसू दिशः श्रोत्र पृथिव शरीरमित्येष्वेनं तल्लोकेष्वाधाति।"

अर्थ : इसके पैर उत्तर की ओर मोड़ो। इसकी आंखें सूर्य की ओर, इसकी श्वास वायु को, इसके जीवन की हवा, इसकी श्रवण शक्ति दिशाओं को और इसका शरीर पृथ्वी को सौंप दो। इस प्रकार (होतृ) इसे लोकों के साथ जोड़ देता है।

"एकधाऽस्य त्वचमाच्छयातात्म पुरा नाभ्या अपिशसोमु वपामुत्खिदातदन्तरेथोष्माणां
वारयध्वादिति पशुष्वेव तत् प्राणा दधाति।"

अर्थ : (बिना काटे) सारी चमड़ी उतार लो। नाभि को काटने से पहले ओझड़ी को चीर डालो। (इसका मुंह बन्द करके) इसकी सांस को अन्दर ही अन्दर रोक दो। इस प्रकार वह (होता) पशुओं में श्वास डालता है।

"श्येनमस्य वक्षः कृणुतात प्रशसा बाहू शाला दोषणी अश्यपेवांसाऽच्छिद्रे श्रोणी
कवषोरूस्तेकपर्णादष्ठीवन्ना षडू विंशतिरस्य वडूक्रयस्ता अनुष्ठयो च्यावयतादू।
गात्र गोत्रमस्या नूने कृणुताः दित्यंगान्येवात्य तद् गात्राणि प्रीणति।"

अर्थ : इसकी छाती का एक टुकड़ा बाज की शकल का, काले बाजुओं के दो टुकड़े कुल्हाड़ी की शकल के, अगले पांव के दो टुकड़े धान की बालों की शकल के कंधों के दो टुकड़े दो काईयों की शकल के, कमर के नीचे का हिस्सा अटूट रहे, जांघ के दो टुकड़े बाल की शकल के, दोनों घुटनियों के दो टुकड़े पत्तों कि शकल के, इसकी 26 पसलियां क्रमशः निकाल ली जाएं। इसके प्रत्यके अंगों को सुरक्षित रखा जाए। इस प्रकार वह उसके सारे अंगों को लाभ पाता है।

यज्ञ के लिए पशु की हत्या करने के संबंध में दो संस्कार बच गए। एक, है ब्राह्मण पुरोहित को, जिसने कसाई का काम किया, 'हत्या' के पाप से मुक्त करने का संस्कार। सिद्धान्त रूप से वे 'हत्यारे' ठहरते क्योंकि पशु केवल यज्ञ-कर्ता का स्थानापन्न ही है। उन्हें 'हत्या' के परिणाम से बचाने के लिए ऐतरेय ब्राह्मण ने होतृ को निम्नलिखित आज्ञा की है।

"वनिष्ठ मस्य वा रविष्टोकं मन्यमाना नेटुवतस्तो के तनये रवितारखच्छमितार इति
ये चैव देवानां शमितारो ये च मनुष्याणां तेभ्य एवैनं तत् परिगधाति।"

अर्थ : "ओझड़ी को न काटो, जो कि उल्लू की शकल का होता है और हे तुम्हारे बच्चों या तुम्हारी सन्तान में भी कोई ऐसा न हो जो उसे काट दे।" इन शब्दों को कहकर वह देवताओं और मनुष्यों, दोनों के मध्य में जो हत्यारे हैं, उनको देता है।

तब होता को तीन बार कहता :-

"अधिंगो शमीध्वं सुशमि शमेध्वं शमीध्वमध्रिगो 3 उ इति त्रिबू यादयापेति घाधियुव
देवानां शमिताऽपापो निग्रमीता शभितृभ्यश्चवैनं तन्निग्रमीतृभ्यश्च सवप्रयच्छिति।"

अर्थ : हे अध्रिगु! और हे दूसरों! पशु का का वध करो, इसे अच्छी तरह करो, इसका वध करो, हे अध्रिगु! पशु की हत्या हो चुकने पर उसे तीन बार कहना चाहिए। इस हत्या का दुष्परिणाम हमसे हो। क्योंकि देवताओं में अधृगु हैं जो पशु को चुप करता है, और अध्रिगु (दूर) है, जो उसे नीचे गिराता है। यह शब्द कहकर वह पशु को उन्हें सौंप देता है। जो उसका मुंह बन्द करके उसे चुप कराते हैं, और उन्हें जो उसका वध कर डालते हैं।

तब होतृ जप करता है :-

"शमितारो यदत्र सुकृतं कृणवथास्मासु तद् यदुष्कृतमन्यत्र तदित्याहग्निर्वे देवानां
होताऽसीत से एनं वाचा व्यशात् वाचा वा एनं होता विशास्ति तद् यर्वाग् यत्परः
कुन्तन्ति यदुल्वणं गथुरं क्रियते शनितृभ्यश्चैवैनत्तत्रिग्रमीतृभ्यश्च समनुदिशति स्वस्त्ये
व हो तोन्मुख्य सर्वायुः सर्वायुत्वाय। सर्वमायुरोति य एवं वेद।"

अर्थ : हे बधिको! तुम्हारा पुण्य यहां हमारे पास रहे; तुम्हारा पाप अन्यत्र चला जाए। होतृ उस कथन से पशु-वध की आज्ञा देता है। क्योंकि अग्नि जब देवताओं का होतृ था, तो उसने भी इन्हीं शब्दों पशु के वध की आज्ञा दी थी।

उक्त जप से होतृ, उन सबको, जो पशु का स्वास बन्द करते हैं या जो उसका वध करते हैं, उस पाप के दुष्परिणाम से मुक्त करता है जो उनके किसी टुकड़े को बहुत बड़ा काटने और किसी टुकड़े को बहुत छोटा काटने के परिणाम स्वरूप नियमोल्लंघन वश हो गया हो। होतृ इसका आनन्द लेते हुए अपने-आपको तमाम पाप से मुक्त करता है। जिसको यह ज्ञान है, अपनी पूरी आयु प्राप्त करता है।

इससे आगे ऐतरेय ब्राह्मण मृत पशु के शरीर के भाग को ठिकाने लगाने के सवाल पर विचार करता है। उसका आदेश है :-

"ऊवध्यगोहं पार्थिवं खनतादिस्याहौषधं या ऊवध्यमियं वा
ओषधीनां प्रतिष्ठा तदेनत्सत्त्वायामेव प्रतिष्ठायामन्ततः प्रतिष्ठापयतीति।
अस्ना रक्षः संसृजतादित्याह तुषेर्वे फलीकरणैर्देवा हविर्यक्षोभ्यो रक्षांसि निरभजत्रस्ना
महायज्ञात्सः यदस्ना रक्षा संसृजतादित्याह रक्षांस्येव तत्स्वेन भागधेयेन यज्ञान्निरवदयते इति।
तदान यज्ञे रक्षासां कीर्तयेत्कानि रक्षांसृतेरक्षा वे यज्ञ, इति।
तदु वा आहुः कीतियेदेव, इति।"

यो वै भागिनं भागान्न दते चयते वेनं न चयतेऽथ पुत्रमथ पौत्र चयते त्वेषैनिमित्ति, इति।
से यदि कीर्तयेदुषांशु कीतयेत्तिर इव वा एतद्वाचो यदुपांशु तिर इवैतद्यद्रक्षांसि इति।

अथ यदुच्चैः कीतयदाश्वरी हास्यवाचो रक्षो भाषो जनितो इति।

'योऽयं राक्षस वाचे वदति सः इति।

यां व दृप्तो वदति नाम्य प्रजाया द्रप्त आजायते वाक्, इति।

नाऽऽत्मना दृत्यति नाम्य प्रजाया दृप्त आजायते एवं वंद, इति।

अर्थ : इसका गोबर छिपाने के लिए जमीन में एक गड्ढा खोदो। गोबर वनस्पति से बनता है; क्योंकि पृथ्वी वनस्पति का स्थान है। इसलिए होतृ अन्त में गोबर को उसके उचित स्थान पर रखता है। प्रेतात्माओं को रक्त दो, क्योंकि एक बार देवताओं ने प्रेतात्माओं को हविर्यज्ञ पूर्णिमा तथा प्रतिपदा के दिन की बलि का उनका हिस्सा न दे, उन्हें भूसी और छोटा धान मात्र दिया और फिर उन्हें सोम तथा पशु-यज्ञ जैसे बड़े यज्ञों में से निकाल बाहर कर रक्त दिया। इसलिए होतृ इस मंत्र का जाप करता हैं, प्रेतात्माओं को रक्त दो। उनको यह हिस्सा देकर फिर उन्हें यज्ञ में से कोई भी और चीज लेने से वंचित कर दिया जाता है। वे कहते हैं- बुरी आत्माओं को यई में याद नहीं करना चाहिए। राक्षस, असुर, बुरी आत्माएं कोई भी हो; क्योंकि यज्ञ उनके बिना विघ्न-बाधा के होना चाहिए। लेकिन दूसरों का विचार है कि उन्हें याद करना चाहिए। क्योंकि यदि कोई किसी को उसके हिस्से से वंचित करता है, तो जिसे वह वंचित करेगा वह उसे कष्ट देगा। यदि वह अपने दण्ड से बच गया, तो उसके पुत्र को, और यदि वह भी बच गया, तो उसके पौत्र को कष्ट भोगना पड़ेगा। इस प्रकार जो कष्ट तुम्हें मिलता, वह कष्ट तुम्हारे पुत्र या पौत्र को मिलता है।

जो हो, यदि होतृ संबोधन करे, तो उसे धीरे स्वर से करना चाहिए, क्योंकि 'धिर स्वर' और प्रेत- आत्माएं दोनों ही छिपी-सी रहती हैं। यदि वह ऊंचे स्वर में बोलता है, तो वह प्रेत आत्माओं की आवाज में बोलता है, वह राक्षस स्वरे (एक भयानक आवाज) में बोलने लग सकता है। जिस वाणी में क्रोधी तथा शराबी लोग बोलते हैं, वह राक्षसों की बोली है। जिसे यह ज्ञान है, वह न खुद क्रोधी होगा, न उसकी वैसी सन्तान होगी।

तब अंतिम संस्कार बाकी रह जाता है, पशु के शरीर के अंग देवी-देवताओं को समर्पित करने का संस्कार। यह 'मनोत' कहलाता है। आत्रेय ब्राह्मण के अनुसार :-

"मनातायें हबिषोऽवदीयमानस्यानुब्रूहीत्याहाध्वर्युः इति।

त्वं हग्ने प्रथमो मनोतेति सुक्तमन्वाह, इति।"

अर्थ : अध्वर्यु होतृ को कहता है- 'मनोत के लिए काटे गए, यज्ञ के पर के अंगों का देवताओं को समर्पित करने के उपयुक्त मन्त्र कहो।' तब वह इस मन्त्र को दोहराता है- 'हे अग्नि! तुम प्रथम मनोत हो।'

अब पशु के मांस के बंटवारे का सवाल शेष रह गया। इस विषय में आत्रेय ब्राह्मण का

फैसला इस प्रकार है :-

"अर्थातः पशोर्विभस्तस्य विभागं वक्ष्यामः, इति"

"हनू सजिह्वे प्रस्तोतुः श्येन वक्ष उद्गातः कण्ठ काकुदः प्रतिहर्तु दक्षिण श्रोणिर्होतुः सव्या ब्राह्मणो
दक्षिणां सक्थि मैत्रावरुणस्य सव्यं ब्राह्मणाच्छूंसिनो दक्षिणं पारशव मांसमध्वर्योः सव्यमुपगातृणां
सर्योऽसः प्रतिस्थातुर्दक्षिणं दोर्नेष्टुः सव्यं पोतुदक्षिण ऊचरच्छावाकस्य सव्य अग्नीघ्रस्य दक्षिण
बाहुराब्रेयस्य सव्यःसदस्यस्य सदं चानूकं च गृहपतेर्दक्षिण पादौ गृहपतेर्बत पदस्य सव्या पादौ गृहपति-
भार्यायै व्रतपदस्यौष्ठस्तर्यो साधारण भरति तं गृहपतिरेव प्रशिष्याज्जाघनी पत्नीभ्यो हरन्ति तां ब्राह्मणाय
दद्युः स्कन्ध्याश्च मणिकांस्तस्त्रश्च कीकसा ग्रावसुतस्तिस्त्रश्चैव कीकसा अर्ध च वंकर्तस्योन्तेतुरर्ध चेव
वैकर्तस्य क्लोमा च शमितुस्तद्व्राह्मणाय दद्याद्यद्यब्राह्मण न्याच्छिरः सुब्रम्हण्यायः श्वः सुत्यां प्राह
तस्वाजिनामिश्रा सर्वेषां हौतुर्वा, इति।"

अर्थ : अब बलि के पशु अलग-अलग अंगों के पुरोहितों में बांटे जाने का सवाल उपस्थित होता है। हम इसका वर्णन करेंगे। जबड़े की दोनों हड्डियां और जिह्व प्रस्तोता को दी जानी चाहिए। बाज की शकल में छाती उद्गता को, गला और तालु प्रतिहर्ता को, कमर के नीचे का दाहिनी ओर का हिस्सा होतृ को, बायां ब्रह्मा को, दाई जांघ मैत्रावरुण को, बाई ब्राह्मणाच्छसो को, कंधे के साथ की दाई ओर अध्वर्यु को, बाई मन्त्रोच्चारण में साथ देने वालों उपमाताओं को, बायां कन्धा प्रतिस्थाना को, दायें बाजू का निचला हिस्सा नेष्टा (नेष्ट्र) को, बाएं बाजू का निचला हिस्सा पौत्र को, दाहिनी जांघ का ऊपर का हिस्सा अच्छावाक् को, बाई जांघ का ऊपर का हिस्सा अग्निधर को, दायें बाजू का ऊपर का हिस्सा आत्रेय को, बायें बाजू का ऊपर का हिस्सा सदस्य को, पीछे की हड्डी और अण्डकोष का ऊपर का हिस्सा सदस्य को, पीछे की हड्डी और अण्डकोष यज्ञ करने वाले गृहस्थ को, दायां पांव भोज देने वाले गृहपति को, बायां पांव भोज देने वाले गृहपति की भार्या को ऊपर का, होंठ गृहपति और उसकी भार्य्या के समानाधिकार में है, जिसका बंटवारा गृहपति करेगा। पशु की पूंछ वे भार्य्याओं को देते हैं। लेकिन यह उन्हें किसी ब्राह्मण को ही देना चाहिए, गर्दन पर मणिक और तीन कीकस ग्रावस्तुत

को, तीनों केकस और पीठ के मांसल हिस्से हा अर्धास कैकर्त उन्मेता को, गर्दन पर के मांसल हिस्से को, (क्लोम) आधा हिस्सा वध करनेवाले को। यदि वध करने वाला खुद ब्राह्मण न हो, तो किसी ब्राह्मण को दे दें। सिर सुब्रह्मण्य को देना चाहिए, जो कल सोम यज्ञ के समय (श्वसुत्यां) बोला, सोम यज्ञ में यज्ञ की बलि बने पशु का वह हिस्सा जो यज्ञभोज का है, वह सब पुरोहितों का है, केवल होतृ के लिए वह ऐच्छिक हैं।

"ता वा एतः षट्त्रिंशतमेकपका यज्ञं वहन्ति षट्त्रिंशदक्षरा वै बृहती। वार्हताः स्वर्गा लोकाः प्राणस्चैव तत्स्वर्गश्च लोकानाप्नुवंति प्राणेषु चैव तत्त्वगषु च लोकेषु प्रातातिष्ठन्तो यन्ति, इति।"

अर्थ : बलि के पशु के इन सब टुकड़ों की संख्या 36 है। जिन श्लोकों से यज्ञ होता है, हर टुकड़ा उसके एक चरण का प्रतीक है। बृहती छन्द में 36 शब्द - खण्ड होते हैं; और दिव्य लोक बृहती की प्रकृति के हैं। इस प्रकार पशु के 36 हिस्से करके वे इस लोक तथा स्वर्ग में जीवन लाभ करते हैं; और (इस तथा उस लोक) दोनों में प्रतिष्ठित होकर वे वहां चलते हैं।

"सः एष स्वर्यः पशुर्य एनमेवं विभजन्ति, इति।
येऽतोऽन्यथा तद्यथा सेलगा था पापकृतो वा पशु विमन्थीरंस्तादक्तत, इति।
तां वा एतां पशोर्विभक्ति श्रेत ऋषिदेवभागो विदां चकार तासु तामु हाप्राच्यैव वास्माल्लोकादुच्चक्रमत, इति।
तामु ह गिरिजाय बाभ्रव्यायामनुष्यः प्रोवाच ततो हैनामेतदर्वाङ मनुष्या।
अधीयतेऽधीयते इति।"

अर्थ : जो उपर्युक्त रीति से पशु के मांस का बंटवारा करते हैं, उनके लिए यह स्वर्ग-सोपान बन जाता है। लेकिन जो इससे उल्टा बांटते हैं, वे गुण्डे और शरारती हैं, जो केवल अपनी मांसाहार की तृष्णा के लिए पशु की बलि देते हैं। बलि के पशु का यह विभाग श्रुत के पुत्र देवभाग का आविष्कार है। जब वह इस जीवन से जा रहा था, तो उसने इस रहस्य को किसी को नहीं सौंपा। लेकिन किसी अलौकिक देव-दूत ने बभ्रु के पुत्र गिरिजा को सब समाचार कह दिया। उसके समय से लोग इसका अध्ययन करते हैं।

ऐतरेय ब्राह्मण में जो कुछ कहा गया है उससे दो बात असंदिग्ध तौर पर स्पष्ट होती है। एक तो वह कि बलि के पशु के सारे के सारे मांस को ब्राह्मण ही ले लेते थे। एक जरा-से टुकड़े के अलावा वे यज्ञ करने वाले गृहस्थ को कुछ भी न लेने दत थे; दूसरी यह कि पशुओं का वध करने के लिए ब्राह्मण खुद कसाई का काम करते थे। सिद्धान्त की दृष्टि से यज्ञ में जिस पशु की बलि दी गई, भूत सिद्धान्त है कि जो लोग देवताओं के प्रति आपको बलिदान करता है, वह अपनी जान बचाने के लिए ही अपने आपको बलिदान करता है। वह अपनी जान बचाने

के लिए ही अपने बजाए पशु की बलि देता है। इसका यह मतलब हुआ कि जो पशु का मांस खाता है, वह लोग का ही मांस खाता है, क्योंकि यहां पशु लोग का ही स्थानापन्न है। यह विचार ब्राह्मणों के स्वार्थ के लिए बड़ा घातक था। ब्राह्मण पशु का सारा मांस आप ही हड़पना चाहते थे। ऐतरेय ब्राह्मण ने जब यह देखा कि इस विचार को स्वीकार करने से ब्राह्मणों के हाथ से बलि के पशु के मांस के निकल जाने का खतरा है. तो उसने कोशिशपूर्वक इस विचार को सीधे-सीधे अस्वीकार करके इसकी व्याख्या करने का कोशिश किया है।

"सर्वाभ्यो व एष देवताभ्य आत्मानमालभते यो दीक्षतेऽग्निः सर्वा देवतः सोमः देवतः स सदग्निषीमीय पशुमालते सर्वाभ्य एव तद्द वताम्यो यजमान आत्मानं निष्कोणीते, इति।" अर्थ : जो लोग यज्ञ के रहस्यों में दीक्षित होता है, वह अपने-आपको देवताओं के प्रति बलिदान कर देता है। अग्नि सब देवताओं का प्रतिनिधि है, और सोम सब देवताओं का प्रतिनिधि है। जब वह यज्ञकर्ता पशु को अग्नि और सोम की बलि चढ़ाता है, तो वह अपने-आपको सभी देवताओं के प्रति बलिदान होने से मुक्त कर लेता है।

"तदाहुर्नाग्नीपौमीयस्य पशोरश्नीयास्पुरुषस्य वां एषोंऽश्नाति योऽनीषोमीयस्य
पशोरश्नाति यजमानी ह्यतेनाऽऽमानं निष्क्रीणीत, इति।"

अर्थ : कहने वाले कहते हैं- अग्नि सोम को बलि दिए गये पशु का मांस न खाओ। जो कोई ऐसे पशु का मांस खाता है, वह लोग का मांस खाता है, क्योंकि यज्ञकर्ता पशु को बलि चढ़ाकर अपने- आपको बलिदान होने से बचाता है। लेकिन इस विचार की ओर ध्यान देना अनावश्यक है।

इन बातों के रहते, अब यह सिद्ध करने के लिए किसी और प्रमाण की आवश्यकता नहीं कि ब्राह्मण न केवल गोमांसाहारी थे किंतु कसाई भी थे।

तब ब्राह्मणों ने पैंतरा क्यों बदला? हम उनके पैंतरा बदलने की बात के दो हिस्से करते हैं। पहला, उन्होंने गोमांसाहार क्यों छोड़ दिया?

जैसा ऊपर दिखाया जा चुका है, अशोक ने गोहत्या को कभी कानून से बन्द नहीं किया था। यदि बंद किया भी होता, तो एक बौद्ध सम्राट के बनाए हुए कानून को ब्राह्मण कब मानने वाले थे?

क्या मनु ने गोहत्या का निषेध किया? यदि उसने किया, तो वह ब्राह्मणों के लिए मान्य होगा और ब्राह्मणों में इस परिवर्तन की संतोषजनक व्याख्या भी समझी जा सकती है। मनुस्मृति में निम्नलिखित श्लोक मिलते हैं :-

यो बन्धनवधक्लेशान्प्राणिनां न चिकीर्षति स सर्वस्य हितप्रेप्सुः सुखमत्यन्तमश्नुते। 15,46

जो प्राणियों को बांधने, मारने या क्लेश देने की इच्छा नहीं करता, वह सब जीवों का हित

चाहने वाला अत्यन्त सुख पाता है।

यद्ध्यायति यत्कुरुते धृतिं बध्नाति यत्र च।
तदवतप्नोत्ययत्नेन यो हिनस्ति न किंचन।

अर्थ : जो किसी प्राणी को दुःख नहीं देता, वह जिस धर्म को मन से चाहता है, जो कर्म करता है, जिस परमार्थ पर ध्यान लगाता है, वह उसे अनायास ही प्राप्त होता है।

नाकृत्वा प्राणिनां हिसां मांसमुत्पद्यते क्वचित।
न च प्राणिवधः स्वस्तस्मान्मांसं विवर्जयेत्। 5,48

अर्थ : प्राणियों की हिंसा किए बिना कभी मांस उत्पन्न नहीं हो सकता। पशुओं का वध करना स्वर्ग का कारण नहीं होता। इसलिए मांस खाना छोड़ देना चाहिए।

समुत्पत्तिं हि मांसस्य वधबन्धौ च देहिनाम्। प्रसमीक्ष्य निवर्तेत सर्वमांसस्य भक्षणात।। 5,46

अर्थ : मांस का उत्पत्ति-क्रम (रज - वीर्य से) और प्राणियों का वध - बन्धन (निर्दयता - मूलक) होता है। इस बात पर अच्छी तरह विचार कर सब प्रकार के मांस भक्षण को त्याग देना चाहिए।

यदि इन श्लोकों को ठोस निषेध आज्ञाएं स्वीकार कर लें, तो इससे ही इस बात की पर्याप्त व्याख्या हो जाती है कि ब्राह्मण मांसाहार छोड़कर शाकाहारी क्यों बन गए? लेकिन इन श्लोकों को कानून के रूप में निर्णायक निषेध आज्ञाएं स्वीकार करना असंभव है। या तो ये केवल प्रेरणाएं हैं या प्रक्षेप हैं, जो ब्राह्मणों के शाकाहारी बन जाने के बाद उनके इस कृत्य की प्रशंसा में बाद में डाल दिए गये। वह दूसरी बात ही ठीक है, क्योंकि मनुस्मृति के इसी पांचवें अध्याय में ही आने वाले दूसरे श्लोकों में सिद्ध होता है :-

प्राणस्यान्निमिदं सर्व प्रजापतिरकल्पयत्। स्थावर जङ्गमं चैव सर्व प्राणस्य भोजनम् ॥ 5,25

अर्थ : ब्रह्मा ने यह सब प्राण के लिए अन्न ही कल्पित किया है। स्थावर (अन्न, फल आदि) और जंगम (पशु-पक्षी आदि) सब प्राण के ही भोजन हैं।

चराणामन्नमचरा दंष्ट्रिणामप्यदंष्ट्रिण। अहस्ताश्च सहस्तानां शूराणां चैव भीरवः।। 5,6

अर्थ : चरों का अन्न अचर (तृण आदि), दाढ़ वालों का बिना दाढ़ के (हिरन आदि) हाथ वालों को बिना हाथ के जीव (मछली आदि) और शेरों का अन्न भीरु (पुरुष) हैं।

नात्ता दुष्यत्यदन्नाद्यन्प्राणिनोऽहन्यहन्यपि। धात्रैव स्त्रष्टा ह्यद्यांश्च प्राणिनोत्तार एव च ॥ 5,30

अर्थ : खाने वाला जीव खाने योग्य प्राणियों को प्रतिदिन खाकर भी दोष - भागीनहीं होता; क्योंकि ब्रह्मा ने ही खाद्य और खाने वाले दोनों का निर्माण किया है।

न मांसभक्षणो दोषो न मद्ये च मैथुने। प्रवृत्तिरेषा भूतानां निवृत्तिस्तु महाफला ॥ 5,56

अर्थ : मांस खाने, मद्य पान और मैथुन में दोष नहीं है, क्योंकि यह मनुष्यों की प्रवृत्ति है, परन्तु इससे निवृत होना महाफलदायी है।

प्रोक्षितं भक्ष्यन्मांसं ब्राह्मणानां च काम्यया। यथाविधि नुथुक्तस्तु प्राणानामेव चात्यत्ये ॥ 5,27

अर्थ : मन्त्रों द्वारा पवित्र किया मांस खाना चाहिए और शास्त्रोक्त विधि से मांस खाना चाहिए तथा प्राणों पर संकट आ पड़ने पर खाना चाहिए।

यज्ञाय जग्धिर्मांसस्येत्येष दैव-विधिः स्मृता अतोऽन्यथा प्रवृत्तिस्तु राक्षसो विधिरुच्यते ॥ 5,31

अर्थ : यज्ञ के निमित्त मांस भक्षण को दैव-विधि कहा गया है। इसके विरुद्ध मांस भक्षण की प्रवृत्ति राक्षसी वृति है।

क्रीत्वा खुद वाप्युत्पाद्यपरोपकृतमेववा। देवान्पितृश्चयित्वा खादन्मांस न दुष्यति ॥ 5,32

अर्थ : खरीद कर या खुद कहीं से लाकर या किसी का दिया हुआ मांस देवताओं और पितरों को अर्पित कर खाए, तो खानेवाला दोषी नहीं होता।

एष्वर्येषु पशून्हंसन्वेदतत्त्वार्थविद् द्विजः। आत्मानं च पशु चैव गमयत्यत्तमां गतिम् ॥5,42

अर्थ : वेद के तत्त्व को जानने वाला द्विज इस पूर्वोक्त मधुपर्कादि कर्मों में पशु की हिंसा करता हुआ, अपने को और पशु को उत्तम गति प्राप्त करता है।

यज्ञार्थ पशवः सृष्टा स्वयमेव खुदभुवा। यज्ञस्य भूत्यै सर्वस्य तस्माद्यझे वधोऽवधः ॥5,36

अर्थ : खुद बह्मा ने यज्ञ के लिए और सब यज्ञों की समृद्धि के लिए पशुओं का निर्माण किया है, इसलिए पशु का वध अहिंसा ही है।

औषध्यः पशवो वृक्षास्तिर्यञ्चः पक्षिणास्तथा। यज्ञार्थ निधनं प्राप्तः प्राप्नुवन्त्यस्तृतीः पुनः॥ 5,40

अर्थ : औषधियां, पशु, वृक्ष, कछुए आदि और पक्षी, ये सब यज्ञ के निमित्त मारे जाने पर फिर उत्तम योनि में जन्म ग्रहण करते हैं।

मनु इससे आगे जाते हैं और मांसाहार अनिवार्य ठहराते हैं। निम्नलिखित श्लोक ध्यान देने योग्य है:-

नियुक्तस्तु यथान्यायं यो मांस नात्ति मानवः। स प्रेत्य पशुतां यादि संभवानेकविंशतिम् 115,34

अर्थ : यथाविधि नियुक्त होने पर जो मनुष्य मांस नहीं खाता, वह मरने के अनन्तर इक्कीस जन्म तक पशु होता है। यह स्पष्ट है कि मनु ने मांसाहार का निषेध किया। मनु ने गो-हत्या का भी निषेध किया। यह मनु से ही सिद्ध है। पहली तो बात यही है कि मनुस्मृति में गौ का उल्लेख केवल उन नियमों की सूची में मिलता है, जो मनु के अनुसार स्नातकों के लिए मान्य होने चाहिए। वे नीचे दिए जाते हैं:-

1. गो का सुंघा हुआ भोजन एक स्नातक के लिए निषिद्ध है। (4,201)

2. जिस रस्सी में बछड़ा बंधा हुआ हो, उसका लांघना एक स्नातक के लिए निषिद्ध है। (4,38)

3. गो-ब्रज में लघु-शंका करना स्नातक के लिए निषिद्ध है। (4,45)

4. गो की ओर मुंह करके मल-मूत्र विसर्जन करना स्नातक के लिए निषिद्ध है। (4,48)

5. गो - ब्रज में प्रविष्ट होने पर स्नातक को चाहिए कि अपना दायां हाथ नंगा कर ले। (4,48)

6. यदि कोई गो अपने बछड़े को दूध पिला रही हो, तो उसमें बाधा डालना या किसी को उसकी सूचना देना स्नातक के लिए निषिद्ध है। (4,56)

7. गो पर चढ़ना स्नातक के लिए निषिद्ध है। (4,72)

8. गो की हिंसा करना अर्थात् उसे दुख देना स्नातक के लिए निषिद्ध है। (4,162)

9. जूठे मुंह गो को स्पर्श करना निषिद्ध है। (4,142)

इन उल्लेखों से सिद्ध होता है कि मनु गो को पवित्र पशु नहीं मानते थे। दूसरी ओर वह उसे अपवित्र पशु मानते थे जिसके स्पर्श से संस्कारी अपवित्रता होती थी।

मनुस्मृति में ऐसे श्लोक हैं जिनसे सिद्ध होता है कि उसमें गोमांस भक्षण का निषेध नहीं किया गया था। इस संबंध में तीसरे अध्याय के तीसरे श्लोक का उल्लेख किया जा सकता है। यह इस प्रकार है:-

तं प्रतीतं स्वधर्मेण ब्रह्मदाहरं पितुः। स्रग्विणं तल्प आसीनमर्हयेत्प्रथमं गवा।। 3,3

अर्थ : जो स्वधर्मातरण से प्रसिद्ध हो, जिसे पिता से धर्म-दायाद मिला हो, उसे अच्छे आसन पर बिठा, पुष्प माला पहना, गो (मधुपर्क) से पूजा करनी चाहिए।

सवाल उठता है कि मनु एक स्नातक को गो देने की सिफारिश क्यों करना है? स्पष्ट ही है- जिसमें वह मधुपर्क बना सके। यदि ऐसा हो, तो इसका वह यही अर्थ है कि मनु को ब्राह्मणों के गोमांस भक्षण का ज्ञान था। और वह उन्हें मना नहीं करता था।

दूसरा उल्लेख उस चर्चा का है जो मनु ने पशुओं के खाद्य तथा अखाद्य मांस के बारे में की है। पांचवें अध्याय के 18वें श्लोक में लिखा है।

श्वाविधं शल्यकं गोधा खड्गकूर्मशशांस्तथा। भक्ष्यान्पञ्चनखेष्वाहुरनुष्टाश्चैकतो दतः।। 5,18

अर्थ : पंचनखियों में सेह, साही, गोह, गैंडा, कछुआ, खरहा तथा एक ओर दांत वाले पशुओं में ऊंट को छोड़कर बकरे आदि पशु भक्ष्य है- ऐसा कहा है। लेकिन यह बात ध्यान देने की है कि मनु गो को अपवाद स्वरूप नहीं स्वीकार करता। इसका स्पष्ट अर्थ है कि मनु को गोमांसाहार में कुछ आपत्ति नहीं थी।

मनु ने गो-हत्या को एक अपराध नहीं ठहराया। उसकी दृष्टि में पापकर्म से प्रकार के हैं: (1) महान- पातक, (2) उप-पातक। महान-पातकों में से कुछ ये हैं?

ब्रह्महत्या सुरापानं स्तेयं गुर्वङ्गनागमः। महान्ति पातकायाहुः संसर्गश्चापि तैः सह।।11,54

अर्थ : ब्रह्म-हत्या, मद्यपान, चोरी, गुरु-पत्नी गमन, ये (चारों) महापातक कहे गए हैं और इन पातकियों का संसर्ग भी महापातक है। उपपातक अर्थात मामूली अपराधों में से कुछ ये हैं:-

गोवधोऽयाज्य संयाज्य पारदार्यम विक्रयाः। गुरु- मातृ-पितृ-त्यागः स्वाध्यायाग्न्यो सुतस्य च।।1,56

अर्थ : गो-वध, जाति कर्म से दूषित मनुष्यों के यज्ञ कराना, पर स्त्री गमन, अपने को बेचना, गुरु, माता, पिता की सेवा का त्याग, स्वाध्याय का त्याग, स्मार्ट अग्नि का त्याग और पुत्र के भरण-पोषण का त्याग।

इससे यह स्पष्ट है कि मनु की दृष्टि में गोहत्या एक मामूली पाप या 'उपपातक'। यह निंदनीय तभी था जब गौ की हत्या बिना किसी उचित तथा पर्याप्त कारण के हो। और यदि ऐसा न हो, तो भी यह कोई बहुत घृणित कर्म नहीं था। याज्ञवल्क्य का विचार भी ऐसा ही था।

इस सबसे यही सिद्ध होता है कि ब्राह्मण पीढ़ी-दर-पीढ़ी गो मांसाहारी थे। उन्होंने गो मांसाहार क्यों छोड़ दिया? वे एकदम दूसरी सीमा पर चले गए। उन्होंने गोमांस ही नहीं मांस खाना भी छोड़ दिया और शाकाहारी बन गए। ये एक साथ दो क्रांतियां हो गईं उन्होंने यह अपने दैवी स्मृतिकार मनु की शिक्षा के कारण नहीं किया है, ब्राह्मणों ने ऐसा क्यों किया? क्या यह किसी सिद्धांत के कारण? या इसका श्रेय युद्धनीति को ही दिया जाएगा?

इस सवाल के दो उत्तर दिए गये हैं। एक उत्तर तो यह है कि गो की पूजा उस अद्वैत-दर्शन का परिणाम है, जिसकी शिक्षा है कि समस्त विश्व में एक 'ब्रह्म' व्याप्त है और इसलिए सारा जीवन चाहे वह मनुष्य का हो, चाहे पशु का हो पवित्र है। यह व्याख्या सन्तोषजनक नहीं है। पहले तो इसका वास्तविकता से कोई मेल नहीं। वेदांत सूत्र, जो 'ब्रह्मा' की एकता का उपदेश देता है, पहले तो इसका वास्तविकता से कोई मेल नहीं करते। यह दूसरे अध्याय के 28 वें सूत्र से स्पष्ट है। दूसरी बात, यदि यह परिवर्तन वेदांत के आदेश को आचरण में उतारने का परिणाम है, तो फिर यह गाय पर ही रुकना कैसा? यह दूसरे सभी पशुओं पर भी लागू होना चाहिए था।

दूसरी व्याख्या पहली की भी अपेक्षा अधिक 'मौलिक है। इसके अनुसार ब्राह्मण के जीवन के इस परिवर्तन का कारण आत्मा का पुनर्जन्म ग्रहण करने का सिद्धांत है। इस व्याख्या का भी वास्तविकता से कोई मेल नहीं। बृहदारण्यक उपनिषद् में आत्मा के पुनर्जन्म ग्रहण करने के सिद्धांत का प्रतिपादन है। तो भी उसका कहना है कि यदि लोग यह चाहता है कि उसे मेधावी पुत्र उत्पन्न हो, तो उसे भेंड़ के मांस के साथ चावल और घी मिलाकर खिलाना चाहिए। फिर, इसका भी क्या कारण है कि उपनिषदों में वर्णित इस सिद्धांत का मनु के समय अथति लगभग 400 वर्ष बाद तक ब्राह्मणों के आचरण पर कोई प्रभाव नहीं पड़ा। तीसरे, यदि आत्मा के पुनर्जन्म सिद्धांत के कारण ब्राह्मण शाकाहारी बन गए, तो गैरब्राह्मण भी क्यों नहीं बन गए?

मेरी दृष्टि में यह ब्राह्मणों की रणनीति का एक अंग है कि वे गो मांसाहारी न बने रहकर गो-पूजक बन गए। इस 'गो-पूजा' के रहस्य का मूल बौद्धों और ब्राह्मणों के संघर्ष में तथा उन उपायों

में खोजना होगा जो ब्राह्मणों ने बौद्धों से बाजी मार ले जाने के लिए किए। बौद्धों और ब्राह्मणों का संघर्ष भारतीय। इतिहास की एक निर्णायक घटना है। इस वास्तविकता को बिना अंगीकार किए हिंदू-धर्म के कुछ अंगों की व्याख्या हो नहीं सकती। दुर्भाग्यवश भारतीय इतिहासकारों की दृष्टि से इस बौद्ध-ब्राह्मण संघर्ष का महत्त्व एकदम परोक्ष रहा है। वे जानते हैं कि ब्राह्मणवाद नाम की चीज रही है, लेकिन वे इस बात से एकदम अनजान मालूम होते हैं कि ये विचार लगभग 400 वर्ष तक एक दूसरे से बाजी मार ले जाने के लिए संघर्ष करते रहे और भारतीय धर्म, समाज तथा राजनीति पर उनके इस संघर्ष की अमिट छाप विद्यमान है।

यहां सारे संघर्ष की कथा के लिए स्थान नहीं है। दो-चार महत्त्व की बातों का उल्लेख किया जा सकता है। एक समय था जब अधिकांश भारतवासी बौद्ध थे। यह सैकड़ों वर्षों तक भारतीय जनता का धर्म रहा। इसने ब्राह्मणवाद पर ऐसे वैचारिक व सांस्कृतिक आक्रमण किए जैसे इससे पहले किसी ने नहीं किए थे। ब्राह्मणवाद अवनति पर था और यदि एकदम अवनित पर नहीं, तो भी उसे अपनी रक्षा की पड़ गई थी। बौद्ध धर्म के विस्तार के कारण ब्राह्मण का तेज न राजदरबार में रहा था और न जनता में वे उस पराजय से पीड़ित थे जो उन्हें बौद्ध-धर्म के हाथों मिली थी और अपनी शक्ति तथा तेज को प्राप्त करने के लिए हर प्रकार से कोशिशशील थे। जनता के मन पर बौद्ध-धर्म का ऐसा गहरा प्रभाव पड़ चुका था और वह उससे इतना प्रभावित थी कि ब्राह्मणों के लिए किसी भी तरह बौद्ध-धर्म का मुकाबला कर सकना एकदम असंभव था। उसका एक ही उपाय था कि वह बौद्धों के जीवन के रंग-ढंग को अपनाए और इस मामले में उनसे भी बढ़कर एकदम सिरे पर जा पहुंचे। बुद्ध के परिनिर्वाण के बाद बौद्धों ने बुद्ध की मूर्तियां तथा स्तूप बनाने आरंभ किए ब्राह्मणों ने इसका अनुकरण किया। उन्होंने अपने मन्दिर बनाए और उसमें शिव, विष्णु, राम तथा कृष्ण आदि की मूर्तियां स्थापित कीं। उद्देश्य इतना था, बुद्ध-मूर्ति कि पूजा से प्रभावित जनता को किसी-न किसी तरह अपनी ओर आकर्षित करें। इस प्रकार जिन मन्दिरों और मूर्तियों के लिए हिंदू-धर्म में कोई स्थान नहीं था, उनके लिए स्थान बना। बौद्धों ने उस ब्राह्मण-धर्म को, जिसमें पशुबलि वाले और विशेष रूप से गोवध यज्ञादि होते थे, त्याग दिया था, गो वध के बारे में बौद्धों की आपत्ति का जनता पर बड़ा गहरा प्रभाव पड़ा था। दो कारण थे- एक तो वे लोग कृषि-प्रधान थे, और दूसरे गो बहुत उपयोगी थी। अधिक संभावना यही है कि उस समय ब्राह्मण गो घातक समझे जाकर घृणा के पात्र बन गए थे, ठीक वैसे ही जैसे अतिथि के लिए भी, 'गोमांस' बन जाने के कारण घटनाओं द्वारा घृणित समझे जाने लगे थे। क्योंकि जब भी कोई अतिथि कभी आता था, तभी उसके सम्मान में गो की हत्या करनी पड़ती थी। ऐसी परिस्थिति में अपनी स्थिति सुधारने के लिए ब्राह्मण यज्ञ-रूप में जो 'पूजा करते थे और उसके साथ जो गोवध होता था, उसे छोड़ देने में ही ब्राह्मणों ने अपना हित समझा।

गोमांसाहार छोड़ने में ब्राह्मणों का उद्देश्य बौद्ध भिक्षुओं से उनकी श्रेष्ठता छीन लेना ही

था - यह बात ब्राह्मणों के शाकाहारी बन जाने से सिद्ध होती है। नहीं तो ब्राह्मण शाकाहारी क्यों बना? इसका उत्तर यही है कि बिना शाकाहारी बने वह पुनः उस जमीन को प्राप्त कर ही नहीं सकता था जो बौद्ध-धर्म के प्रसार के फलस्वरूप उसके पांव के नीचे से खिसक चुकी थी। इस संबंध में यह बात याद रखने की है कि बौद्ध की तुलना में एक बात को लेकर ब्राह्मण जनता की दृष्टि में बहुत ओछा पड़ता था। यह बात पशु-वध थी, जो कि ब्राह्मण वाद की सार थी और जिसका बौद्धधर्म एकदम विरोधी था। यह स्वाभाविक है कि ऐसी जनता में, जो कृषि पर निर्भर करती हो, बौद्ध धर्म के प्रति आदर और उस ब्राह्मण-धर्म के प्रति घृणा हो जिसमें अन्य पशुओं के साथ गायों और बैलों का भी वध होता हो। अपने विगत सम्मान को बचाने के लिए ब्राह्मण क्या कर सकते थे? सिवाय इसके कि बौद्ध भिक्षुओं से भी एक कदम आगे जाकर न केवल गोमांस भक्षण ही छोड़ना किंतु शाकाहारी बन जाए। शाकाहारी बनने में ब्राह्मणों का यही उद्देश्य था। यह कई तरह से सिद्ध हो सकता है।

यदि ब्राह्मणों ने पशु यज्ञ को बुरा मानकर सिद्धांत की दृष्टि से अपना आचरण बदला होता, तो उनके लिए केवल इतना ही पर्याप्त था कि वे यज्ञों के लिए पशुओं का वध मना कर देते। उनके लिए शाकाहारी बनना आवश्यक न था किंतु वे शाकाहारी बनकर रहे। इससे यह स्पष्ट होता है कि उनकी दृष्टि गहरी थी, और किसी दूसरी तरह शाकाहारी बनना उसके लिए एकदम अनावश्यक था; क्योंकि सभी बौद्ध भिक्षु शाकाहारी नहीं थे। इस कथन से कुछ लोगों को आश्चर्य हो सकता है; क्योंकि सामान्य धारणा है कि अहिंसा और शाकाहार में जरूरी तथा अनिवार्य संबंध है। यह सामान्य विश्वास है कि बौद्ध भिक्षु मांस स्पर्श नहीं करते रहे होंगे। लेकिन यह एक गलती है। वास्तविक बात यह है कि भिक्षु त्रिकाटि - परिशुद्ध (तीन प्रकार से शुद्ध) मछली मांस ग्रहण कर सकता था। आगे चलकर यह पांच प्रकार का हो गया। चीनी यात्री हवेन च्वांग इससे परिचित था। उनसे मांस के शुद्ध प्रकारों को सां- चिंग कहा है। श्री थामस वाल्टर्स ने भिक्षुओं में इस प्रथा की उत्पत्ति की इस प्रकार की व्याख्या की है। उसकी कही कथा के अनुसार :-

"बुद्ध के समय में वैशाली में सिंह नाम का एक धनी सेनापति था, जिसने बौद्ध धर्म ग्रहण कर लिया था। वह भिक्षु संघ का उदार नायक बन गया और भिक्षुओं को मांस-भोजन की कमी न होने देता था। जब यह बाहर पता लगा कि भिक्षु इस प्रकार का तैयार किया हुआ भोजन ग्रहण कर लेते हैं, तो तैर्थिकों ने उनकी निंदा करनी शुरू की। जो संयमी तपस्वी भिक्षु थे, जब उन्होंने यह सुना तो भगवान् को सूचना दी। भगवान् ने भिक्षुओं को इकट्ठा किया। जब वे इकट्ठे हुए, तो भगवान ने उन्हें संबोधन करके कहा भिक्षुओं! किसी ऐसे पशु का मांस नहीं खाना चाहिए, जिसे तुमने देखा हो कि तुम्हारे लिए मारा गया है, जिसके बारे में तुमने सुना हो कि तुम्हारे लिए मारा गया है। किंतु उन्होंने भिक्षुओं को त्रिकोटि परिशुद्ध मत्स्य -मांस की अनुज्ञा दे दी अर्थात् ऐसे पशु के मांस की जिसको न देखा हो कि हमारे लिए मारा गया है, न सुना हो कि

हमारे लिए मारा गया है और न किसी प्रकार का संदेह ही उत्पन्न हुआ हो कि हमारे लिए मारा गया है। पालि और सुफेन - विनय पिटक के अनुसार बुद्ध और भिक्षु संघ को मध्याह - भोजन दिया गया था। उस भोजन के लिए एक बैल की लाश की व्यवस्था की गई थी। जैन निग्रन्थों (निगंठों) ने भिक्षुओं की निन्दा की। बुद्ध ने यह त्रिकोटि परिशुद्ध का नया नियम बनाया। अब से जो मांस-भोजन भिक्षु कर सकते थे, वह 'त्रिकोटि-परिशुद्ध' चीनी अनुवाद के ढंग पर मेरे लिए मारा गया, 'ऐसा न देखा, न सुना, न संदेह हुआ' कहा गया। तब दो और तरह का मांस भिक्षुओं के लिए नियमानुकूल ठहराया गया। जिस पशु की स्वाभाविक मृत्यु हो गई हो, तथा जो किसी शिकारी पक्षी या अन्य किसी जंगली पशु द्वारा मारा गया हो। इस प्रकार पांच तरह का ऐसा मांस हुआ, जिसका कोई बौद्ध स्वतन्त्रपूर्वक उपभोग कर सकता था। तब यह 'अदृष्ट, अश्रुत और अपरिशंकित' एक जाति हो गई और उसी में 'स्वाभाविक मृत्यु' तथा 'पक्षीहत' को मिला देने से सां-चिन्ह बन जाता है।

जब बौद्ध भिक्षु मांस खाते थे, तो ब्राह्मणों को उसे छोड़ने की कोई आवश्यकता नहीं थी। फिर ब्राह्मण मांसाहार छोड़कर शाकाहारी क्यों बन गए? इसका कारण इतना ही था कि वह जनता कि दृष्टि में बौद्ध भिक्षुओं के साथ समान तल पर नहीं खड़ा होना चाहते थे।

यदि ब्राह्मण केवल यज्ञ करना और उसमें गो- वध करना छोड़ देते, तो इसका केवल एक सीमित परिणाम होता। अधिक से अधिक इससे ब्राह्मण और बौद्ध समान तल पर खड़े हो जाते। यही बात तब होती यदि वे मांसाहार के संबंध में बौद्ध भिक्षुओं का अनुकरण करते। इससे ब्राह्मणों को अपने आपको बौद्धों से श्रेष्ठ करने का अवसर नहीं मिलता था। जो कि उनकी आकांक्षा थी। यज्ञों में गो वध का विरोध करके बौद्धों ने जनता के हृदय में आदर स्थान प्राप्त कर लिया था ब्राह्मण उन्हें इस स्थान से पदच्युत करना चाहते थे। अपने उद्देश्य की पूर्ति के लिए ब्राह्मणों को उस दुस्साहसी नीति का अनुकरण करना पड़ा, जिसमें परिणाम की ओर देखा ही नहीं जाता। यह 'अति' को 'प्रचंड' से पराजित करने की नीति है। यह वह युद्ध नीति है, जिसका उपयोग वामपंथियों को हटाने के लिए सभी दक्षिण- पंथी करते हैं। बौद्धों को हराने का एक ही तरीका था कि वे उनसे एक कदम आगे जाकर शाकाहारी बन जाएं।

इस विचार के समर्थन में कि ब्राह्मणों ने जो गो पजा आरंभ की और जो मांसाहार त्यागकर शाकाहारी बन गए, वह बौद्धों को परास्त करने के लिए ही किया; एक और प्रमाण दिया जा सकता है। यह वह तिथि है, जब गो-वध एक महान् पातक बन गया। यह सर्व विदित है कि अशोक ने गो वध को एक अपराध नहीं ठहराया था। बहुत लोग उससे यह आशा रखते हैं कि गो वध बन्द करने के लिए उसे आगे बढ़कर कदम उठाना चाहिए था। प्रो. विंसर स्मिथ को यह बात आश्चर्यजनक लगती है, लेकिन इसमें आश्चर्य की कुछ भी बात नहीं है।

बौद्धधर्म सामान्य रूप से पशु बलि का विरोधी था। उसकी गो के लिए कोई विशेष ममता नहीं थी। इसलिए अशोक को इस बात की कोई खास आवश्यकता नहीं थी कि यह 'गो रक्षा'

के लिए कानून बनाए। बड़े आश्चर्य की बात यह है कि 'गो वध' को महापातक घोषित करने वाले गुप्त नरेश हुए, जो हिन्दू-धर्म के बड़े प्रचारक थे। उस हिन्दू धर्म के, जो यज्ञों के लिए गो वध की अनुज्ञा देता है। डॉ. भण्डारकर का कथन है:-

"हमारे पास इस बात का शिलालेख का अकाट्य प्रमाण है कि पांचवीं शताब्दी के आरंभिक हिस्से में गो-वध करना एक भयानक पाप माना जाता था, उतना ही भयानक जितना भयानक किसी ब्राह्मण को मार देना। हमारे पास 645 ई. का एक ताम्रपत्र लेख है, जो कि गुप्त राज-वंश के स्कंद गुप्त के राज्यकाल का है। यह एक दान-पत्र है, जिसके अन्तिम श्लोक में लिखा है- जो भी इस दान में, जो दे दिया है, हस्तक्षेप करेगा, वह गो-हत्या, गुरु- हत्या या ब्राह्मण-हत्या के पाप का भागी होगा। स्कन्दगुप्त के पितामह चन्द्रगुप्त द्वितीय का भी एक लेख है जो गो-हत्या को ब्रह्म हत्या के ही समान पाप मानता है। इसमें 93 गुप्त - संवत्सर दिया गया है जो कि 412 ई. के बराबर होता है। मध्य-प्रान्त के सांची का प्रसिद्ध बौद्ध स्तूप, जो पश्चिम में खड़ा हुआ है - जो भी उस व्यवस्था को गड़बड़ करेगा उसे 'गो-हत्या', 'ब्राह्मण-हत्या' या 'पंच-आनन्तर्य' का पाप लगेगा। इस कथन का उद्देश्य है, गड़बड़ करने वाला चाहे ब्राह्मण-धर्म का अनुयायी हो, चाहे बौद्ध धर्म का, दोनों को भयभीत करना। पांच आनन्तर्य बौद्धों के पांच महापातक हैं। वे हैं- मातृ-हत्या, पितृ-हत्या, अर्हत्हत्या बुद्ध के शरीर का रक्त बहाना, भिक्षु संघ में भेद पैदा करना। जिन महापातकों का ब्राह्मण धर्मी को भय दिलाया जाता है, वे केवल दो हैं- गो की हत्या ब्राह्मण की हत्या, ब्राह्मण की हत्या तो स्पष्ट ही है कि महापातक है; क्योंकि जितनी भी स्मृतियां है, सभी में ब्राह्मण हत्या को महापातक कहा गया है लेकिन गो-हत्या को आपस्तम्ब, मनु, याज्ञवल्क्य और दूसरों में केवल उपपातक ही माना है। लेकिन यहां इसे ब्रह्म हत्या के साथ जोड़ देने से और दोनों को बौद्धों के आनन्तरियों के साथ समानता का दर्जा दे दिए जाने से यह स्पष्ट है कि पांचवीं शताब्दी के आरंभ में गो-हत्या को महापातकों की श्रेणी में शामिल किया गया है। इस प्रकार गो-हत्या कम-से-कम एक शती पहले 'महापातक' गिनी जाने लगी होगी अर्थात् चौथी शती के आरंभ में।"

सवाल उठता है कि एक हिन्दू नरेश को क्या पड़ी थी कि वह गो-वध के विरुद्ध अर्थात मनु विरुद्ध नियम बनाता? उत्तर यही है कि ब्राह्मणों के लिए यह अनिवार्य हो गया था कि बौद्ध भिक्षुओं पर अपनी श्रेष्ठता सिद्ध करने के लिए वह वैदिक धर्म के अपने एक अंश से हाथ धोएं। यदि हमारा यह विश्लेषण ठीक है, तो यह स्पष्ट है। कि गो-पूजा बुद्ध धर्म और ब्राह्मण धर्म के संघर्ष का परिणाम है। यह एक साधन था जिसका ब्राह्मणों ने अपनी खोई हुई स्थिति को पुनः प्राप्त करने के लिए उपयोग किया।

❐

14. गो- मांसाहार ने अलग हुए लोगों को अछूत क्यों बना दिया?

जब ब्राह्मणों तथा गैरब्राह्मणों ने गो मांसाहार करना छोड़ दिया और अलग हुए लोगों का गोमांसाहार जारी रहा, तो एक ऐसी स्थिति पैदा हो गई जो पुरानी स्थिति से अलग थी। अब फर्क यह पड़ गया कि पुरानी स्थिति में हर कोई गो-मांसाहार करता था। इस नई स्थिति में एक वर्ग ने खाना छोड़ दिया था, दूसरा वर्ग खाता था। यह भेद आंखों में खटकने वाला था। इसे हर कोई देख सकता था। इतना होने पर भी इस भेद का परिणाम समाज का इतना बड़ा विभेद नहीं हो सकता था, जैसा इस छुआछूत में दिखाई देता है। यह एक सामाजिक भेद रह सकता था। ऐसे बहुत से उदाहरण हैं जहां जाति के अलग- अलग अंग अलग-अलग तरह का आहार ग्रहण करते हैं। एक जो चीज पसंद करता है, दूसरा उसे ही ना-पसन्द करता है, तो भी यह भेद दोनों में किसी प्रकार की दीवार नहीं खड़ी कर देता।

इसलिए कोई विशेष कारण होना चाहिए कि भारत में गो-मांसाहार ने बसी हुई जातियों और अलग हुए लोगों के बीच में क्यों एक दीवार खड़ी कर दी? इसका क्या कारण हो सकता है? मेरा उत्तर है कि यदि गो-मांसाहार का धर्म से कोई संबंध न जुड़ता - वह केवल व्यक्तिगत रुचि अरुचि का सवाल रहता, तो गो-मांस खानेवालों और न खानेवालों में एक दीवार न खड़ी होती। दुर्भाग्य से मांसाहार एक सामान्य लौकिक बात न रहकर धर्म का सवाल बन गया। यह इसलिए हुआ कि ब्राह्मणों ने गो को एक पवित्र पशु बना दिया। इसी से गो-मांसाहार 'अधर्म' बन गया। यह अलग हुए लोग 'अधर्म करने वाले होने से समाज से बहिष्कृत हो गए।

यही उत्तर उन लोगों के लिए बहुत स्पष्ट नहीं भी हो सकता है, जो समाज के जीवन में 'धर्म' के स्थान को नहीं समझते वे पूछ सकते हैं कि धर्म इन विभेद के कारण क्यों बना? यदि धर्म की निम्नलिखित दो बातों को ध्यान में रखा जाए, तो यह बात स्पष्ट हो जाएगी।

सबसे पहले हम 'धर्म' की परिभाषा लें। सभी धर्मों पर लागू होने वाली यह एक व्यापक बात है। हर धर्म कुछ विश्वासों और आचरणों का एक स्वीकृत समूह होता है, जो (1) 'धार्मिक' बातों से संबंध रखता है, और जो (2) उन सब बातों को मानने वाले लोगों को एक 'जाति' बना देता है। जरा दूसरी तरह कहें, तो हर धर्म में दो बातें रहती हैं। एक यह है कि धर्म को पवित्र चीजों से अलग नहीं किया जा सकता; दूसरी यह है कि 'धर्म' एक सामूहिक वस्तु है जिसका समाज से पृथक्करण नहीं हो सकता।

'धर्म' का जो पहला अंश है, वह यह मानकर चलता है कि जितनी भी वस्तुएं हैं- चाहे भौतिक हों, चाहे अभौतिक, हों जो भी मनुष्य के विचारों का भविष्य बनती हैं, वे दो स्पष्ट विभागों में विभक्त हैं, जो धार्मिक तथा अधार्मिक या सामान्य लौकिक कहलाती हैं।

इससे 'धर्म' की परिभाषा हो जाती है। 'धर्म' का कर्तव्य समझने के लिए 'धर्म' के संबंध में निम्नलिखित बातों पर ध्यान देना जरूरी है।

पहली बात जो ध्यान देने की है, वह यह है कि जो चीजें पवित्र मान ली जाती हैं, वे लौकिक वस्तुओं से केवल ऊंचा स्थान या पद ही नहीं रखतीं। वे एकदम अलग हैं। पवित्र और लौकिक वस्तुओं की 'जाति' ही एक नहीं है, दोनों में एकदम विरोध है। प्रो. दुरखीन का कथन है :-

'अच्छा' और 'बुरा' का परम्परागत विरोध इससे अधिक कुछ नहीं क्योंकि 'अच्छा' और 'बुरा' दोनों एक ही 'जाति' अर्थात आधार के दो विरोधी तत्त्व हैं; ठीक वैसे ही जैसे स्वास्थ्य और बीमारी एक ही जीवन-क्रम के दो अलग पहलू हैं। लेकिन मानव मस्तिष्क ने पवित्र और लौकिक की जो कल्पना की है, वह सर्वत्र दो अलग-अलग 'जातियों की कल्पना है- एकदम दो अलग संसारों की जिनमें कुछ भी सामान नहीं।

जो अधिक उत्सुक सज्जन हैं वे कदाचित यह जानना चाहेंगे कि संसार में मनुष्यों को किस चीज ने पवित्र और 'लौकिक' की एक दूसरे के विरोधी तत्त्व के रूप में कल्पना करने पर मजबूर किया? हमें इस चर्चा में यहां नहीं ही पड़ना है, क्योंकि हमारे तत्कालीन उद्देश्य की पूर्ति के लिए यह किसी तरह जरूरी नहीं।

"इसी प्रकरण में जो दूसरी बात ध्यान देने की है, वह यह है कि 'पवित्र वस्तुओं' की संख्या निश्चित नहीं है। एक धर्म की पवित्र वस्तुओं और दूसरे धर्म की 'पवित्र वस्तुओं में अनन्त भिन्नता है। 'आत्मा' और 'परमात्मा' ही पवित्र वस्तुएं नहीं हैं। एक चट्टान, एक पशु, एक जल स्रोत, एक पत्थर का टुकड़ा, एक लकड़ी का टुकड़ा, एक घर एक शब्द में कहें तो कोई भी चीज 'पवित्र मानी जा सकती है।"

पवित्र चीजों का हमेशा 'निषेधों से संबंध रहता है, जिन्हें मना की हुई बातें (टेबूज) कह सकते हैं। प्रो. दुरखीन को ही यदि हम फिर उद्धृत करें, तो - "पवित्र चीजें वे हैं जिनकी निषेधों द्वारा रक्षा होती है और जिन्हें 'निषेध' अलग करते हैं, और 'लौकिक' चीजें वे हैं जिन पर ये निषेध लागू हैं और जिन्हें पहली चीजों से दूर रहना ही चाहिए।"

धार्मिक निषेध अनेक रूप कर लेते हैं। इनमें सबसे महत्त्वपूर्ण निषेध संबंध का है। संबंध के निषेध का आधार यह है कि जो 'लौकिक' है उसका पवित्र से किसी प्रकार का संबंध नहीं होना चाहिए। 'स्पर्श' के अलावा और कई तरह से संबंध स्थापित हो सकता है। 'नजर डालना' भी एक तरह का संबंध स्थापित करना है। यह कारण है कि खास खास अवस्थाओं में लौकिक, (अपवित्र) लोगों का पवित्र चीजों को देखना वर्जित है। शब्द अर्थात वह श्वास, जो लोग का हिस्सा है और लोग से बाहर फैलता है भी संबंध का दूसरा रूप है। इसलिए लौकिक

(अपवित्र) के लिए पवित्र चीजों को संबोधन करना या उच्चारण करना वर्जित है। उदाहरण के लिए ब्राह्मण को ही वेद का उच्चारण करना चाहिए, शूद्र को नहीं। एक असाधारण सामीप्य का संबंध भोजन करने के परिणामस्वरूप उत्पन्न होता है। इसलिए पवित्र जानवरों या पवित्र वनस्पतियों के खाने का निषेध किया गया है।

जिन निषेधों का पवित्र वस्तुओं से संबंध है, उनके बारे में विवाद नहीं किया जा सकता। वे विवाद से परे की वस्तुएं हैं और बिना किसी लेकिन, परन्तु के स्वीकार की जानी चाहिए। जो पवित्र हैं, वह 'अस्पृश्य' शब्द के विशेष अर्थों में 'अस्पृश्य' हैं अर्थात् विवाद उसे किसी प्रकार स्पर्श ही नहीं कर सकता। जो कुछ किया जा सकता है वह इतना ही है कि पवित्र का सम्मान किया जाए और उसकी आज्ञा मानी जाए।

और अंतिम बात यह है कि यह 'पवित्र वस्तुओं-संबंधी निषेध' सभी पर लागू होते हैं। वे खुद- सिद्ध सत्य नहीं हैं। वे आज्ञाएं हैं। उनका पालन होना चाहिए, और वे शब्द के सामान्य अर्थों में नहीं, वे अनुल्लंघनीय आज्ञाएं हैं। उनका पालन न हो सकना एक 'जुर्म' से अधिक है। यह 'पाप' है।

धर्म के क्षेत्र और गतिविधि को समझाने के लिए ऊपर का सारांश पर्याप्त होना चाहिए, उस विषय का अधिक विवेचन अनावश्यक है। जो 'पवित्र है, उसके संबंध के जो नियम हैं, उनके अनुसार कार्य करने के ढंग के विश्लेषण से यह बात किसी की भी समझ में आ जाएगी कि गो मांसाहार ने 'अलग हुए लोगों को क्यों अछूत बना दिया। इस सवाल का मेरा उत्तर ठीक है। मैंने जो उत्तर दिया है। उस उत्तर की गहराई तक पहुंचने के लिए इतना ही जरूरी है कि जो पवित्र है, उसके नियमों के अनुसार काम करने के ढंग का विश्लेषण गो को पवित्र वस्तु मानकर समझ लिया जाए। यह स्पष्ट हो जाएगा कि छुआछूत 'पवित्र पशु' गो के खाने के निषेध को तोड़ने का ही परिणाम है।

जैसा ऊपर कहा गया है, ब्राह्मणों ने गो को एक पवित्र जानवर बनाया। उन्होंने जीवित और मृत गो में किसी प्रकार का भेद करने की भी आवश्यकता नहीं समझी। गो पवित्र थी चाहे जीवित हो, चाहे मृत। गो मांसाहार केवल एक 'अपराध' न था। यदि यह केवल एक 'अपराध' होता, तो इसका परिणाम केवल 'सजा' होती। गोमांसाहार 'पाप' ठहराया गया। यदि कोई गो को पवित्र जानवर न माने, तो वह 'पाप' का भागी होता था और उसके साथ, मेल-जोल रखना निषिद्ध था। अलग हुए लोग, जिन्होंने गोमांसाहार जारी रखा, 'पाप' के भागी हुए।

एक बार गो पवित्र मानी जाने लगी और 'अलग हुए आदिमयों' ने उसका मांस खाना जारी रखा, जो उनके भाग्य में एक ही बात थी और वह यह कि उनके साथ उठना-बैठना बन्द हो जाए अर्थात वे 'अछूत' बन जाएं।

इस प्रकरण का अंत करने से पहले यह जरूरी मालूम देता है कि इस विचार के विरुद्ध दो संभव आपत्तियों का उत्तर दे दिया जाए। इस विचार के विरुद्ध दो आपत्तियां तो स्पष्ट ही हैं। एक

तो यह है कि इस बात का क्या प्रमाण है कि 'अलग हुए लोग' मृत गो का मांस खाते थे? दूसरा सवाल है कि जब ब्राह्मणों तथा गैरब्राह्मणों ने गो-मांस भक्षण छोड़ा तो उन्होंने भी क्यों नहीं छोड़ दिया? इस किताब में 'छुआछूत' की उत्पत्ति के संबंध में जिस सिद्धांत का प्रतिपादन किया गया है, उससे इन सवालों का सीधा संबंध है। इसलिए इनका निराकरण करना ही होगा।

सचमुच पहला सवाल उचित है और एक प्रकार की कसौटी है। यदि 'अलग हुए लोग' आरंभ से ही गोमांसाहारी थे, तो स्पष्ट ही है कि हमारे इस नए सिद्धांत के लिए कोई जगह नहीं क्योंकि यदि वे आरंभ से ही गोमांसाहारी थे और तब भी अछूत नहीं समझे जाते थे, तो यह कहना कि गो-मांसाहारी के कारण 'अलग हुए लोग' अछूत बन गए, यदि एकदम पागलपन की बात नहीं तो तर्क संगत तो है ही नहीं। दूसरा सवाल भी चाहे कसौटी न हो लेकिन उचित ही है। यदि ब्राह्मणों ने गो-मांसाहार छोड़ दिया और गैरब्राह्मणों ने उनका अनुकरण किया, तो इन 'अलग हुए लोगों' ने भी यही क्यों नहीं किया? यदि कानून ने गो वध को एक महान पातक बना दिया था क्योंकि ब्राह्मणों और गैरब्राह्मणों के लिए गो पवित्र पशु बन गया था, तो इन अलग हुए लोगों को भी गोमांस खाने से क्यों नहीं रोका गया। यदि उन्हें गोमांस खाने से रोक दिया गया होता, तो छुआछूत का जन्म ही न होता।

पहले सवाल का उत्तर यह है कि जिस समय एक स्थान पर बसी हुई जातियां और ये अलग हुए लोग दोनों गोमांसाहारी थे, तो उस समय भी एक प्रथा चल पड़ी थी, जिसके कारण एक जगह बसे हुए लोग ताजा गोमांस खाते थे, किंतु अलग हुए लोग मृत गाय का मांस। हमारे पास कोई ऐसा निश्चित प्रमाण नहीं है कि एक जगह बसे हुए लोगों ने कभी मृत गाय का मांस नहीं खाया, लेकिन हमारे पास नकारात्मक गवाही है, जिससे प्रकट होता है कि मरी हुई गो पर इन 'अलग हुए लोगों' का ही एकाधिकार हो गया था। इस गवाही का संबंध महाराष्ट्र के महारों से है, महाराष्ट्र के महार मृत - पशु पर अपना अधिकार समझते हैं। अपने इस अधिकार को वे गांव के हर हिन्दू के मुकाबले पर सिद्ध करते हैं। इसका यह अर्थ हुआ कि कोई हिन्दू अपने निजी मृत जानवर का मांस भी नहीं खा सकता। उसे यह महारों को ही सौंप देना पड़ता है। यह केवल इसी बात को कहने का एक दूसरा ढंग है कि जब गोमांसाहार एक सामान्य प्रथा थी, तो महार मृत गौमांस खाते थे और हिन्दू ताजा गोमांस। अब केवल एक ही सवाल पैदा होता है और वह है जो बात वर्तमान के लिए सत्य है, क्या वही अतीत के लिए भी सत्य है? क्या यह बात जो महाराष्ट्र के लिए सत्य है, समस्त भारत में बसे हुए दलों और अलग हुए लोगों के बीच के संबंध का एक उदाहरण माना जा सकती है? इस संबंध में महारों में जो परंपरागत जनश्रुति प्रचलित है, उसका उल्लेख किया जा सकता है। उनका कहना है कि विदर्भ (बीदर) के मुस्लिम राजा ने उन्हें 52 ऐसे अधिकार दे रखे थे, जो दूसरे हिन्दुओं को अप्राप्त थे। यदि स्वीकार कर लिया जाए कि वे अधिकार उन्हें विदर्भ के राजा ने दिए थे, तो उस राजा ने उन अधिकारों को पहली बार तो जन्म दिया नहीं होगा। वह दूर अतीत से चले आए होंगे। राजा ने उन्हें

केवल स्थिर कर दिया होगा। इसका अर्थ हुआ कि इन 'अलग हुए लोगों' के मृत पशुओं का मांस खाने और इन एक जगह बसे हुए दलों के ताजा मांस खाने की प्रथा प्राचीन समय से चली आई है। इस तरह की प्रथा का प्रचलित हो जाना अत्यन्त स्वभाविक है। जो लोग एक जगह बसे हुए थे, वे धनी थे। खेती और पशु-पालन उनकी जीविका के साधन थे। ये 'अलग हुए लोग' भिखमंगों की जाति थे, वे जिनके पास जीविका का कोई साधन नहीं था और एक जगह बसे हुए लोगों पर ही हमेशा निर्भर करते थे। दोनो के भोजन का मुख्य अंश गोमांस था, एक जगह बसे हुए लोगों के लिए यह संभव था कि वे भोजन के लिए किसी जानवर का वध कर सकें। क्योंकि उनके पास पशु थे। ये अलग हुए लोग ऐसा नहीं कर सकते थे, क्योंकि इनके पास एक भी पशु नहीं होता था। ऐसी परिस्थिति में क्या वह अस्वाभाविक है कि जो एक जगह बसे हुए लोग हैं, वे अलग हुए लोगों को अपनी पहरेदारी करने के बदले में उनकी मजदूरी के तौर पर अपने मृत जानवर देना स्वीकार कर लें? निश्चय से नहीं। इसलिए यह बात निश्चयपूर्वक मान ही ली जा सकती है कि दूर अतीत में सब जगह बसे हुए दल और ये 'अलग हुए लोग' दोनों गो मांस खाते थे, तो उस समय एक जगह बसे हुए दल ताजा गोमांस खाते थे, दूसरे मृत गौ का मांस। साथ ही यह बात भी कि यह प्रथा समस्त भारत में प्रचलित थी, न कि केवल महाराष्ट्र में ही।

यह पहली आपत्ति का समाधान हो गया। अब दूसरी आपत्ति लें। गुप्त राजाओं ने गोवध के विरुद्ध कानून बनाया था, वह उन लोगों के लिए था जो गोवध करते थे। वह अलग हुए लोगों पर लागू नहीं होता था, क्योंकि वे गो वध नहीं करते थे। वे केवल मृत गाय का मांस खाते थे। उनका आचारण गोवध निषेध के कानून के विरुद्ध न पड़ता था। इसलिए मृतगाय का मांस खाने की प्रथा जारी रहने दी गई। यदि यह मान लें कि ब्राह्मणों तथा गैरब्राह्मणों के गो मांसाहार छोड़ने का संबंध अहिंसा से था, तो इनका यह आचरण अहिंसा के भी विरुद्ध नहीं था। गोवध करना हिंसा थी, लेकिन मृत गाय का मांस खाना हिंसा न थी। इसलिए 'इन अलग हुए लोगों के लिए मृत गाय का मांस खाते रहने में किसी प्रकार के पछतावे का भी कोई कारण नहीं था। जो कुछ वे कर रहे थे, उसमें न कानून ही किसी प्रकार की बाधा डाल सकता था और न सिद्धान्त ही क्योंकि न यह कानून के ही विरुद्ध था और न सिद्धान्त के।

और उन्होंने ब्राह्मणों और गैरब्राह्मणों का अनुकरण क्यों नहीं किया? इसके दो उत्तर है- पहला तो यह कि नकल करना उनके लिए अत्यधिक महंगा सौदा था। इसके बिना वे भूखे मर जाते। दूसरे, मृत गायों को ढोना हालाकि आरंभ में एक अधिकार था, किंतु बाद में उनका यह अनिवार्य कर्तव्य हो गया था क्योंकि उन्हें मृत गाय को ढोना ही पड़ता था। इसलिए वे जैसे पहले खाते रहे, उसी तरह बाद में भी उन्होंने उसका मांस खाते रहने में कोई हर्ज नहीं समझा।

इसलिए उक्त आपत्तियों से हमारा सिद्धान्त किसी भी तरह तर्कहीन नहीं है।

❐

15. अपवित्र और अछूत

'छुआछूत' कब अस्तित्व में आया? कट्टरपंथी या रूढ़िवादी हिन्दुओं का कहना है कि यह अत्यन्त प्राचीन काल से चला आ रहा है। उनका कहना है कि 'छुआछूत' का समर्थन न केवल स्मृतियों में मिलता है, जो कि जरा पीछे का है, लेकिन धर्मसूत्रों में भी है, जो कुछ लेखकों के विचार से ईसा से कुछ शताब्दियों पहले के हैं।

'छुआछूत' की उत्पत्ति का अध्ययन करने के लिए, जिस सवाल से आरम्भ करना होगा वह यह है कि क्या 'छुआछूत' की प्रथा इतनी पुरानी है, जितनी पुरानी यह कही जाती है?

इस सवाल का उत्तर देने के लिए हमें धर्मसूत्रों की परीक्षा करनी होगी, जिससे हम इस बात का फैसला कर सकें कि जब धर्म सूत्र छुआछूत और 'अछूतों की बात कहते हैं, तो उनका अर्थ क्या है? क्या वे 'छुआछूत' से वह भाव ग्रहण करते हैं, जो आज हम ग्रहण करते हे? या क्या वे जिस वर्ग के लिए 'अछूत' शब्द का व्यवहार करते हैं वह उन्हीं अर्थों में हम आज 'अछूत' शब्द का व्यवहार करते हैं?

पहले सवाल को ही पहले लें। धर्मग्रन्थों का निरूपण करने से निस्संदेह इस बात का पता लगता है कि उनमें एक वर्ग का वर्णन है, जिसे वे 'अस्पृश्य' कहते हैं। इसमें भी कोई सन्देह नहीं है कि 'अस्पृश्य' शब्द का अर्थ है 'अछूत'। तो भी यह सवाल बाकी रहता ही है कि क्या धर्मसूत्रों के 'अस्पृश्य' वे ही हैं, जो आधुनिक भारत के? यह सवाल महत्त्वपूर्ण बन जाता है, जब हमें यह मालूम होता है कि धर्म सूत्र ऐसे और भी कई शब्दों का प्रयोग करते है- अन्त्य, अन्त्यज, अन्त्यवासिन, तथा बाहयवाद। पीछे की स्मृतियों ने भी इन शब्दों का प्रयोग किया है, अलग-अलग सूत्रों और स्मृतियों ने इन शब्दों को किन-किन अर्थों में प्रयुक्त किया हैं, यह जान लेना उपयोगी होगा। नीचे की तालिका से यह उद्देश्य पूरा होता है

(1) अस्पृश्य

धर्मसूत्र	**स्मृति**
1. विष्णु 5, 104	1. कात्यायन कारिका 433,783

(2) अन्त्यज

धर्मसूत्र	स्मृति
1. वशिष्ठ 16, 30	1. मनु 4. 79, 8.68
2. आपस्तम्ब 3, 1	2. याज्ञवल्क्य 1, 148, 197
	3. अत्रि 25

(3) बाह्य

धर्मसूत्र	स्मृति
1. आपस्तम्ब 12. 39. 18 7	1. मनु 2, 8
2. विष्णु 15, 14 7	2. नारद 1, 114

(4) अन्त्यवासिन्

धर्मसूत्र	स्मृति
1. गौतम 31, 23, 32	1. मनु 4, 79; 10, 39
2. वशिष्ठ 18, 3	2. महाभारत शांतिपर्व 141, 29, 32
3. मध्यमाङ्गिरस् याज्ञवल्क्य	3. 280 पर मिताक्षरा में उद्धृत

(5) अस्पृश्य

धर्मसूत्र	स्मृति
1. विष्णु 36, 7	1. मनु 4, 61; 8, 279
	2. याज्ञवल्क्य 12, 73
	3. वृहद्यम् स्मृति याज्ञवल्क्य 3, 26 पर मिताक्षरा में उद्धृत
	4. अत्रि
	5. वेद व्यास 1, 12, 13

दूसरा सवाल है कि अन्त्य, अन्त्यवासिन् तथा बाह्य शब्दों से जिन वर्गों का बोध होता है, क्या अस्पृश्य शब्द से जिसका शब्दार्थ अछूत है भी उन्हीं वर्गों का बोध होता है? दूसरे शब्दों में यह एक ही वर्ग के लोगों के लिए अलग-अलग नाम हैं?

यह दुर्भाग्य की बात है कि धर्म सूत्र इस सवाल का उत्तर देने में हमारी सहायता नहीं करते। 'अस्पृश्य' शब्द दो जगह आता है (एक सूत्र में तथा एक स्मृति में)। लेकिन एक भी जगह उन जातियों की गिनती नहीं की गई है, जिनका यह शब्द द्योतक है। यही हाल 'अन्त्य' शब्द का है। हालाकि 'अन्त्य' शब्द छः जगह आता है (दो सूत्रों में और चार स्मृतियों में), लेकिन एक भी जगह यह नहीं बताया गया है कि वे कौन हैं? इसी प्रकार 'बाह्य' शब्द भी चार जगह

आया है (दो सूत्रों में तथा दो स्मृतियों में), लेकिन उनमें से किसी स्थल पर भी यह नहीं लिखा है कि इस शब्द के अंतर्गत कौन-कौन जातियां आती हैं। अंत्यवासिन तथा अन्त्यज ये दोनों शब्द अपवाद-रूप हैं। लेकिन यहां भी किसी धर्म सूत्र में उनकी गिनती स्मृतियों में दी गयी है- अन्त्यज को अत्रि स्मृति तथा वेद व्यास स्मृति में। वे कौन हैं यह नीचे के लेख पट से स्पष्ट हो जाएगा।

अन्त्यवासन्		**अन्त्यज**
मध्यमाङ्गिरस	**अत्रि**	**वेद-व्यास**
1. चाण्डाल	1. नट	1. चाण्डाल
2. श्वापक	2. मेंद	2. श्वापक
3. छत्त	3. भिल्ल	3. नट
4. सूत	4. रजक	4. मेद
5. वैदेहिक	5. चर्मकार	5. भिल्ल
6. मागद	6. बुरुद	6. रजक
7. आयोगव	7. कैवर्त	7. चर्मकार
		8. विरत
		9. दास
		10. भट्ट
		11. कोलिक
		12. पुष्करण

उक्त तालिका से स्पष्ट है कि जहां तक अन्त्यवासिन् और अन्त्यज शब्दों के प्रयोग की बात है, उसमें न तो कहीं कुछ निश्चयात्मक है और न कहीं किसी प्रकार का अर्थ साम्य ही है। उदाहरण के लिए चाण्डाल और श्वपाक दोनों ही मध्याङ्गिरस और वेदव्यास के अनुसार अन्त्यवासिन् और अन्त्यजों में भी गिने गए हैं, लेकिन जब मध्यमांगिरस की अत्रि के साथ तुलना की जाती है। तो ये अलग श्रेणियों में विभक्त दिखाई देते हैं। यही बात 'अन्त्यज' के लिए सत्य है। उदाहरण के लिए वेदव्यास के अनुसार 'चाण्डाल' और 'श्वपाक' अन्त्यज हैं लेकिन अत्रि के अनुसार वे अन्त्यज नहीं हैं। फिर अत्रि के अनुसार बुरुद और कैवर्त अन्त्यज हैं, लेकिन वेद व्यास के अनुसार वे नहीं हैं। फिर वेद व्यास के अनुसार (1) विराट (2) दास (3) भट्ट (4) कोलिक, और (5) पुष्कर अन्त्यज हैं, लेकिन अत्रि के अनुसार नहीं हैं।

इसका सार इतना ही है कि न धर्म सूत्रों से ही हमें यह निश्चय करने में कुछ सहायता मिलती है कि 'अछूत' कौन थे और न 'स्मृतियों से ही। इसी प्रकार धर्म सूत्र और स्मृतियां इस बारे में भी हमारी कुछ सहायता नहीं करतीं कि जो वर्ग अन्त्यवासिन्, अन्त्यज या बाह्य कहलाते थे, वे 'अस्पृश्य' ही थे या नहीं? क्या कोई दूसरा उपाय है जिससे यह फैसला हो

सके कि इन वर्गों में से कोई एक भी वर्ग 'अस्पृश्य' या अछूत की श्रेणी में आता है या नहीं? यह अच्छा होगा, यदि हम इनमें से हर वर्ग के बारे में जो भी जानकारी प्राप्य है, उसे एकत्र कर लें।

'बायों को ही लें। वे कौन हैं? वे क्या अछूत हैं? मनु ने उनका उल्लेख किया है। उनकी स्थिति समझने के लिए मनु की सामाजिक वर्गीकरण की योजना का उल्लेख करना जरूरी है। मनु लोगों को अनेक वर्गों में विभक्त करता है। पहले तो वह (1) वैदिकों तथा (2) दस्युओं का मोटा वर्गीकरण करता है। इसके आगे वह वैदिकों को चार उप विभाग करता है। (1) जो चातुर्वर्ण्य के भीतर हैं, (2) जो चातुर्वर्ण्य के बाहर हैं, (3) ब्रात्य, (4) पतित या जाति - बहिष्कृत।

कोई लोग चातुर्वर्ण्य के अंदर गिना जाए या नहीं, यह इस बात पर निर्भर करता था कि उसके माता-पिता का वर्ण क्या है? यदि वह समान वर्ण के माता-पिता की सन्तान हुआ, तो वह इस चातुर्वर्ण्य के अंदर गिना जाता था। यदि वह अलग वर्ण के माता-पिता की सन्तान हुआ जिसे मिश्रित विवाह का परिणाम कह सकते हैं या जिसे मनु वर्ण संकर कहता है, तो वह चातुर्वर्ण्य से बाहर माना जाता था। जो चातुर्वर्ण्य के बाहर माने गए हैं मनु ने उनके फिर दो भेद किए हैं- (1) अनुलोम (2) प्रतिलोम। अनुलोम वे हैं जिनके पिता ऊंचे वर्ण के किंतु माता नीचे वर्ण की और प्रतिलोम इससे उल्टे अर्थात् जिनकी माता ऊंचे वर्ण और पिता नीचे वर्ण के। हालाकि चातुर्वर्ण्य से बाहर होने के कारण अनुलोम तथा प्रतिलोम दोनों ही समान ही थे, तो भी मनु ने दोनों में भेद किया है। प्रतिलोमों को वह वर्ण बाह्य या केवल बाहर कहता है और प्रतिलोमों को हीन। 'हीन' बाह्य लोगों से निचले दर्जे के हैं. लेकिन न 'बाह्य' ही मनु की दृष्टि में 'अछूत' हैं, और न 'हीन' ही।

'अन्त्यों' का एक वर्ग के रूप में मनु ने (4,79 में) वर्णन किया है। हां, मनु उनकी गिनती नहीं करता। मेघातिथि ने अपने भाष्य में सुझाया है कि 'अन्त्य का अर्थ म्लेच्छ है, जैसे मेद इत्यादि। बुहलर ने 'अन्त्य' का अनुवाद 'हीन - जाति के लोग' किया है।

मनु का श्लोक यह है :-

न संवसेच्च पतितैर्न चाण्डालैर्न पुल्कसैः।।
न मूर्खेर्न विलिपप्तैश्च नान्त्यैर्नान्स्याव सायभिः।। 4-71

इस प्रकार अन्त्यों के अछूत होने का किसी तरह समर्थन नहीं होता। अधिक संभव यही है कि यह नाम उन लोगों को दिया गया था जो गांव के अन्त में रहते थे। उनको 'नीच जाति' का गिने जाने के कारण बृहदारण्यक उपनिषद (1,3) की कथा में आता है, जिसका श्री काणे ने उल्लेख किया है। कथा इस प्रकार है :-

"देवताओं और असुरों में संग्राम हुआ। देवताओं ने सोचा कि वे उनि द्वारा असुरों पर विजयी हो सकते हैं। इसमें अनुच्छेद है कि इस देवता (प्राण) ने जो पाप (वाक् आदि) किए

इनके लिए मृत्यु - रूप था, उसे एक ओर फेंककर देवताओं के अन्त में पहुंचा दिया। इसलिए किसी को आर्यों की सीमा से बाहर नहीं जाना चाहिए, न दिशाओं के अन्त में। उसे यह विचार करना चाहिए कि ऐसा करने से मैं 'पाम्पन्' अर्थात् मृत्यु के हाथ में पड़ सकता हूं।"

'अन्त्य' शब्द का अर्थ इस अनुच्छेद में आनेवाले 'दिशाम् अन्त' के अर्थ पर निर्भर करता है। यदि 'दिशाम् अन्त' का अर्थ 'गांव की सीमा के सिरे पर लिया जा सकता है और उसे खींच तानकर निकाला हुआ अर्थ न समझा जाए, तो 'अन्त्य लोग 'अछूत' थे। इससे इतना अर्थ निकलता है, कि वे गांव की सीमा पर रहते थे।

जहां तक 'अन्त्यजों की बात है, उनके बारे में जो कुछ हम जानते हैं, वह उनके 'अछूत' होने की बात का खंडन करने के लिए पर्याप्त है। उन कुछ बातों की ओर ध्यान दिया जा सकता है :-

महाभारत के शान्ति पर्व में (109,9,11) अन्त्यजों के सैनिक होने का उल्लेख है। सरस्वती विलास के अनुसार पितामह ने रजकों की सात जातियों की बात कही है, जो 'प्रकृति के रूप 'अन्त्यजों में गिने जाते थे। प्रकृति का अर्थ धोबी आदि व्यावसायिक श्रेणियां है यह बात शक् संवत् 622 के भिल्लस द्वितीय के संगमनेर (ताम्र- पत्र) से स्पष्ट हो जाती है। इस (ताम्र - पत्र) में 18 प्रकृतियों को दिए गये एक गांव के दान का उल्लेख है। वीर मित्रोदय का कहना है कि श्रेणी का अर्थ रजक आदि अठारह जातियां हैं, जो सामूहिक तौर पर अन्त्यज कहलाती हैं। इन बातों के रहते हुए यह कैसे कहा जा सकता है कि अन्त्यज लोग 'अछूत' माने जाते थे।

अब 'अन्त्यवासिनों' को लें। वे कौन थे? क्या वे अछूत थे? अन्त्यवासिन् शब्द का दो अर्थों में प्रयोग हुआ है। इसका एक अर्थ है, वह ब्रह्मचारी जो गुरु के पास उसके घर में रहता है। ब्रह्मचारी के लिए अन्त्यवासिन् शब्द आया है। शायद 'अन्त' में भोजन करने वाला होने से अन्त्यवासिनु कहलाता हो। जो भी हो, यह निर्विवाद है कि इस संबंध में इस शब्द का अर्थ 'अछूत नहीं हो सकता। यह हो ही कैसे सकता है, जब केवल ब्राह्मण, क्षत्रिय और वैश्य ही ब्रह्मचारी बन सकते थे? दूसरे अर्थ में वह एक 'लोक-समूह' का द्योतक है, लेकिन इसमें भी इस बात में सन्देह कि यह शब्द 'अछूत' का पर्यायवाची था।

'वशिष्ठ धर्म-सूत्र' (18, 3) के अनुसार ये शूद्र पिता और वैश्य माता की संतान हैं, लेकिन मनु के विचार (15, 89) में वे चाण्डाल - पिता और निषाद माता की सन्तान हैं। उनके वर्ग के संबंध में मिताक्षरा का कहना है कि वे ' अन्त्यजों के बारे में जो बात सत्य है, वह अन्त्यवासिन् के बारे में भी सत्य समझी जा सकती है।

यदि हम यहां थोड़ा रुककर अपने प्राचीन साहित्य में 'अन्त्यवासिन्' 'अन्त्य तथा अन्त्यज' आदि की सामाजिक अवस्था के बारे में हमें जो जानकारी प्राप्त है, उसका लेखा-जोखा लें, तो स्पष्ट है कि हम यह कहने के लिए स्वतन्त्र नहीं कि 'अछूत' शब्द के आधुनिक

अर्थ में वे 'अछूत' थे। लेकिन तो भी ऐसे लोगों के सन्तोष के लिए जिन्हें अभी भी सन्देह बाकी हो, एक दूसरे दृष्टिकोण से भी यह परीक्षण किया जा सकता है। यह मानकर कि उन्हें 'अस्पृश्यता' शब्द का क्या भावार्थ था।

इस उद्देश्य की पूर्ति के लिए हम धर्मशास्त्रों के बनाये हुए 'प्रायश्चित' के नियमों को लें। इनका अध्ययन करने से हम यह देख सकेंगे कि क्या धर्म सूत्रों के समय से भी 'अस्पृश्य' शब्द से वही भाव ग्रहण किया जाता था, जो आज लिया जाता है?

हम उदाहरण के लिए 'अस्पृश्य' कहलाने वाली एक जाति 'चाण्डाल' को लें। पहले तो यह बात ध्यान में रखने की है कि 'चाण्डाल' शब्द से किसी 'जाति विशेष का ग्रहण नहीं होता। यह एक दूसरे से अलग कई तरह के लोगों के लिए एक शब्द है। शास्त्रों में कुल मिलाकर पांच तरह के 'चाण्डालों' का वर्णन है। वे हैं (1) शूद्र पिता और ब्राह्मण माता कि सन्तान, (2) कुंवारी लड़की की सन्तान, (3) सगोत्र स्त्री से सन्तान, (4) संन्यासी होकर पुनः गृहस्थ होने वाले की सन्तान, (5) नाई पिता और ब्राह्मण माता की सन्तान।

यह कहना कठिन है कि कौन-सा चाण्डाल 'शुद्ध' होना जरूरी है। हम यह मान लेते हैं कि सभी चाण्डाल 'शुद्ध' होना जरूरी कहते हैं। शास्त्रों ने 'शुद्धि के क्या नियम ठहराए हैं।

गौतम धर्म सूत्र (16, 3) की आज्ञा है कि

'जाति - बहिष्कृत' एक चाण्डाल, 'सूतक' के कारण 'अपवित्र' स्त्री, मासिक धर्मवाली स्त्री, मुर्दा तथा उसको स्पर्श करने वाले लोगों से यदि किसी का स्पर्श हो जाए, तो वह सचैल (वस्त्रों सहित) स्नान से पवित्र हो सकेगा।

वशिष्ठ धर्म-सूत्र (4, 37) की आज्ञा इस प्रकार है:-

"यज्ञस्तम्भ, चिता, शमशान भूमि, मासिक-धर्मिणी या सद्यप्रसूता स्त्री, अपवित्र लोग या चाण्डाल का स्पर्श करने वालों को डुबकी लगाकर स्नान करना होगा। "

बौधयन वशिष्ठ से सहमत हैं, क्योंकि उसके धर्म सूत्र (सवाल 1, अध्याय 5, खण्ड 6, श्लोक 5) का भी कहना है।

" अपवित्र स्थान पर लगा हुआ वृक्ष, चिता, यज्ञ-स्तम्भ, चाण्डाल तथा वेद बेचने वाले का यदि कोई ब्राह्मण स्पर्श करेगा, तो उसे सचैल स्नान करना होगा।" मनु स्मृति के नियम इस प्रकार हैं:-

दिवाकीर्तिमुदक्यां च पतितं सूतिका तथा।
शवं तपृष्ट्रिटन चैव स्पृहं स्नानेन शुद्ध यदि। 15,85

अर्थ : जब ब्राह्मण किसी चाण्डाल, किसी रजस्वला स्त्री, किसी पतित, किसी प्रसूता, किसी शव या जिसने शव का स्पर्श किया हो, ऐसे किसी का स्पर्श करता है, तो वह स्नान करने से शुद्ध होता है।

श्वभिर्हतस्य यन्मांसं शुचि तन्मनुरब्रवीत।

क्रव्याभिहश्च अतस्यान्यैश्चाण्डालाद्यैश्च दस्युभिः।15,131

अर्थ : कुत्तों द्वारा मारे गए (पशु) का मांस, किसी अन्य मांसाहारी पशु द्वारा मारे गए प्राणी का मांस या चाण्डाल द्वारा मारे गए प्राणी का मांस अपवित्र होता है।

उच्छिष्टेन तु संस्पृष्टो द्रव्यहस्तः कथं च न।

अनिश्चायैव तद्रव्यमाचान्तः शुचितामियात् ॥ 5, 143

अर्थ : किसी वस्तु को किसी भी ढंग से ले जाता हुआ यदि किसी 'अपवित्र' व्यक्ति या वस्तु से छू जाएगा, तो उस चीज को बिना रखे ही वह आचमन द्वारा पवित्र होगा।

'धर्म-सूत्रों' तथा 'मनु-स्मृति' से उद्धृत इन पाठों से निम्नलिखित बातें स्पष्ट हो जाती हैं।

(1) चाण्डाल के स्पर्श से केवल ब्राह्मण ही 'अशुद्ध होता था।

(2) सम्भवतः संस्कार-विशेष के ही अवसर पर शुद्ध - अशुद्ध का ख्याल किया जाता था।

यदि ये निष्कर्ष ठीक हैं, तो यह 'अशुद्ध' है, 'छुआछूत' नहीं। 'अशुद्धि' और 'अछूत' का भेद एकदम स्पष्ट है। 'अछूत' सभी को 'अपवित्र' करता है। लेकिन अशुद्ध केवल ब्राह्मण को अपवित्र करता है। अशुद्ध का स्पर्श केवल संस्कारों के अवसर पर ही अपवित्रता का कारण बनता है। अछूत का स्पर्श हमेशा।

एक और तर्क है, जिसका उल्लेख अभी तक नहीं किया गया है। इससे यह विचार हमेशा असिद्ध हो जाता है कि धर्म-सूत्रों में जिन जातियों के नाम आए हैं, वे 'अछूत' थीं। अब तक दूसरे अध्याय में 'कौंसिल आदेश' की जो जाति-सूची और इस अध्याय में स्मृतियों के आधार पर बनाई गयी सूची की तुलना से उत्पन्न होता है। इस तुलना से क्या प्रकट होता है? कोई भी देख सकता है, इससे प्रकट होता है।

(1) स्मृतियों में दी गई जातियों की अधिक-से-अधिक संख्या केवल 12 है, लेकिन 'कौंसिल- आदेश' में जिनके नाम आए हैं, वे 429 तक पहुंचती हैं।

(9) ऐसी जातियो हैं, जिनके नाम 'कौंसिल - आदेश' में हैं, लेकिन स्मृतियों में नहीं हैं। 421 में से 429 जातियां ऐसी हैं, जिसके नाम स्मृतियों में है ही नहीं।

(3) ऐसी जातियां हैं, जिनके नाम स्मृतियों में हैं, लेकिन 'कौंसिल-आदेश' सूची में एकदम नहीं। (4) ऐसी केवल एक जाति है, जिसके नाम दोनों सूचियों में हैं। लेकिन 'कौंसिल-आदेश' के अनुसार देश के कुछ ही हिस्सों में अछूत माने जाते हैं। चमार सारे भारत में अछूत माना जाता है।

जो यह नहीं मानते कि 'अपवित्र' और 'अछूत' अलग-अलग होते हैं, वे उक्त बातों से अनजान मालूम होते हैं। लेकिन उन्हें उन पर ध्यान देना ही पड़ेगा। यह बातें इतनी विशेष और इतनी प्रभावोत्पादक हैं कि हमें इस बात को स्वीकार करना ही पड़ेगा कि 'अपवित्र' और

'अछूत' अलग-अलग हैं।

पहली बात को ही लें। इससे एक महत्त्वपूर्ण सवाल पैदा होता है।

यदि दोनों सूचियां एक ही और उन्हीं लोगों की हैं, तो दोनों में यह भेद और इतना अधिक भेद क्यों है? यह कैसे है कि शास्त्रों में जिन जातियों का नाम आया है वे 'कौंसिल - आदेश' की सूची में हैं ही नहीं? दूसरी ओर यह भी कैसे है कि 'कौंसिल- आदेश' की सूची में जिन जातियों का नाम आया वे शास्त्रों की सूची में हैं ही नहीं? हमारे सम्मुख यह सबसे पहली कठिनाई है।

यदि हम यह मान लें कि इससे एक ही प्रकार के लोगों का अर्थ है, तो सवाल बड़ा गम्भीर हो जाता है यदि एक ही प्रकार के लोगों से अर्थ है।, तो स्पष्ट ही है कि आरम्भ में जो 'छुआछूत' केवल बारह जातियों में सीमित था, वह 429 जातियों में कैसे फैल गया? 'छुआछूत' के इस विशाल साम्राज्य के विस्तार का क्या कारण है? यदि ये 429 जातियां उसी वर्ग की हैं, जिस वर्ग की बारह जातियों का शास्त्रों में उल्लेख है, तो किसी भी शास्त्र में इन चार सौ उनतीस जातियों का नाम क्यों नहीं है? यह हो नहीं सकता कि जिस समय शास्त्र लिखे गए, उस समय इन चार सौ उनतीस जातियों में से कोई एक भी जाति विद्यमान नहीं थी। यदि सब नहीं थी, तो कुछ तो अवश्य ही रही होंगी। तब; जो थीं, उनका भी नाम शास्त्रों में क्यों नहीं लिखा मिलता?

यदि यह मानकर चलें कि दोनों सूचियां एक ही वर्ग के लोगों की हैं, तो इन सवालों का कोई भी सन्तोषजनक उत्तर दे सकना कठिन है, और यदि यह स्वीकार कर लें कि ये दोनों सूचियां दो अलग-अलग वर्गों के लोगों की हैं तो ये सब सवाल लुप्त हो जाते हैं। वस्तुतः ये सूचियां दो अलग वर्ग के लोगों की थीं, शास्त्रों की सूची अपवित्र लोगों की है और 'कौंसिल-आदेश' की सूची 'अछूत' लोगों की। यही कारण हैं कि दोनो सूचियां अलग हैं। दानों सूचियों का भेद, इसी बात का समर्थन करता है कि शास्त्रों में जिन जातियों का वर्णन है, वे केवल 'अपवित्र' हैं। उन्हें आज के अछूत लोगों के साथ मिलना गलती है।

अब दूसरी बात को लें। यदि 'अपवित्र' और 'अछूत' एक ही हैं, तो ऐसा क्यों है कि 429 जातियों में से एकदम 427 जातियों का स्मृतियों को ज्ञान ही नहीं है? स्मृतियों के समय में जाति-रूप में अवश्य ही विद्यमान रही होंगी। यदि ये अब अछूत हैं, तो तब भी अछूत रही होंगी। तब स्मृतियों में उनका नाम क्यों नहीं है?

अब तीसरी बात लें। यदि 'अपवित्र' और अछूत एक ही और वही हैं तो जिन जातियों का नाम स्मृतियों में आता है, उनका नाम 'कौंसिल-आदेश' की सूची में क्यों नहीं आता? इस सवाल के केवल दो उत्तर हो सकते हैं। एक यह कि हालाकि वे एक समय 'अछूत' थे, लेकिन बाद में 'अछूत' नहीं रहे। दूसरा यह कि दोनों सूचियों में जातियों के नाम हैं, जो एकदम अलग वर्ग के हैं। पहला उत्तर निराधार क्योंकि छुआछूत स्थायी है। समय न इसे मिटा सकता है, न दूर ही कर सकता है। एकमात्र संभव उत्तर दूसरा ही है।

अब चौथी बात लें। इन दोनों सूचियों में एक मात्र चमार को ही क्यों स्थान मिला है? इसका उत्तर यह नहीं हो सकता कि दोनों सूचियां एक ही वर्ग के लोगों की हैं। यदि यह ठीक उत्तर होता तो न केवल चमार, लेकिन स्मृतियों की सूची में दी गई शेष सारी जातियों के नाम दोनों सूचियों में आए होते; लेकिन नहीं आए हैं। ठीक उत्तर यही है कि दोनों सूचियां दो अलग वर्ग के लोगों की है। 'अपवित्रों' की सूची कुछ अछूतों की सूची में भी है। इसका कारण यही है कि जो एक समय अपवित्र थे, वे बाद में अछूत हो गए। यह ठीक है कि 'चमार' का नाम दोनों सूचियों में आता हैं। लेकिन यह कोई इस बात का प्रमाण नहीं हो सकता कि 'अपवित्र' और 'अछूत' में कोई भेद नहीं। इससे यही सिद्ध होता है कि चमार, जो किसी समय 'अपवित्र' था, बाद में 'अछूत' बन गया। इसीलिए उसका नाम दोनों में शामिल मिलता है।

स्मृतियों में वर्णित बारह जातियों में से अकेले चमारों को ही 'अछूत' क्यों बनाया गया? इसका भी कारण समझना कुछ कठिन नहीं है। 'चमार' और अन्य 'अपवित्र' जातियों में जिस बात ने भेद की दीवार खड़ी की है, वह बात गो-मांसाहार हैं। जिस समय गो को 'पवित्रता' का दर्जा मिला और गो मांसाहार 'पाप' बन गया, उस समय 'अपवित्र' लोगों में, जो गोमांसाहारी थे, केवल वे ही 'अछूत' बने। केवल चमार ही गोमांसाहारी जाति है, इसलिए केवल इसी एक जाति का नाम दोनों सूचियों में आता है। चमारों के संबंध में जो सवाल है, उसका उत्तर दो बातों के संबंध में फैसलाकारी है। यह इस बात का निर्णायक है कि 'अपवित्र' अछूतों से अलग हैं और इस बात का भी फैसलाक हैं कि गोमांसाहार ही छुआछूत का मूल कारण है, जो 'अपवित्र' को 'अछूत' से अलग करता है।

छुआछूत और अपवित्रता एक ही नहीं है, इस बात का छुआछूत के काल फैसला में बहुत महत्त्व है। इसके बिना छुआछूत का समय निश्चित करने का कोशिश करना, रास्ते से इधर-उधर भटकना होगा।

❐

16. बहिष्कृत व्यक्ति अछूत कब बने?

अभी तक जितना विचार-विमर्श हुआ है, उससे यह बात सिद्ध हो गई कि एक समय था जब भारत के हर गांव के दो हिस्से होते थे। एक बसे हुए लोगों का, दूसरा अलग हुए लोगों का। हालाकि दोनों दूर रहते थे। 'बसे हुए लोग' गांव के अन्दर और 'अलग' हुए गांव के बाहर। तो भी दोनों के परस्पर के सामाजिक व्यवहार में किसी प्रकार की बाधा न थी। जब गो को पवित्रता का दर्जा मिल गया और गोमांस भक्षण निषिद्ध ठहराया गया, उस समय समाज दो हिस्सों में बंट गया। बसी हुई जातियां छूत जातियां बन गईं और छितरी जातियां अछूत। अलग हुए लोग अछूत कब समझे जाने लगे, यह अंतिम विचारणीय सवाल है। छुआछूत की उत्पत्ति की निश्चित तिथि का फैसला करने में जो कठिनाइयां हैं, वे प्रकट ही हैं। 'छुआछूत' सामाजिक मनोविज्ञान का एक पहलू है। यह एक दल की दूसरे दल के विरुद्ध एक प्रकार की सामाजिक घृणा है। यह सामाजिक मनोविज्ञान का ही एक विरुद्ध विकृत वृद्धिगत रूप है, जिसे अपना आकार-प्रकार बनाने में कुछ समय लगा ही होगा। इसलिए एक ऐसी चीज के अस्तित्व में आने की निश्चित तिथि के फैसला करने का दावा कोई भी नहीं कर सकता, जो सम्भवतः बीज रूप में उत्पन्न होकर रक्त बीज ही बन गया और सर्वग्राही बन बैठा। अस्पृश्यता का बीज कब पनपा होगा यह कल्पनातीत है। कोई निश्चित तिथि तो क्या उसके आसपास का कोई दाव निश्चित नहीं किया जा सकता।

एक निश्चित तिथि संभव नहीं है। लेकिन लगभग निश्चित तिथि बताई जा सकती है। इसके लिए पहली बात यह करनी होगी कि हम ऊपर की ओर उस सीमा का फैसला करें, जब 'छुआछूत' नहीं था, और तत्पश्चात् नीचे की ओर की सीमा का, जब 'छुआछूत' का आरंभ हो गया था। ऊपरी सीमा निश्चित करने के संबंध में पहली बात जो ध्यान देने की है, वह यह है कि जो अन्त्यज कहलाते हैं, उनका उल्लेख वेद में आता है। लेकिन इतना ही नहीं कि वे 'अछूत' नहीं समझे जाते थे, बल्कि वे 'अपवित्र' भी नहीं माने जाते थे। इस परिणाम के समर्थन में श्री काणे का यह कथन उद्धृत किया जा सकता है।

'"आरंभिक वैदिक वाङ्मय में कई ऐसे नाम आते हैं, जिन्हें स्मृतिकारों ने 'अन्त्यज' कहा है। चर्मणा ऋग्वेद (8, 8, 38) में आया है। 'चाण्डाल' और 'पौलक्स' वाजसनेय-संहिता में आते हैं,

वेद और वप्ता (नाई) ऋग्वेद में भी, विदलकार या विद लरक (स्मृतियों के बुरुद के प्रतिनिधि) वाजसनेय-संहिता तथा तैत्तिरीय ब्राह्मण में आते हैं। वासहपलपुली (धोबिन स्मृतियों के रजकों का प्रतिनिधि) वाजसनेयि संहिता में। किंतु इन अनुच्छेदों में इस बात की ओर यह भी इशारा नहीं है कि यदि लोग 'जातियां भी बन गए थे, तो वे 'अछूत' थे। " (धर्मशास्त्र खंड 2)

इस प्रकार वैदिक समय में कहीं कोई छुआछूत नहीं था। जहां तक 'धर्म सूत्रों के समय की बात हैं हम देख चुके है, कि उस समय 'अपवित्रता' थी, लेकिन 'छुआछूत' नहीं था।

क्या मनु के समय में 'छुआछूत' था? इस सवाल का, यों ही ताबड़तोड़ उत्तर नहीं दिया जा सकता। मनुस्मृति का एक श्लोक है, जिसमें मनु का कथन है कि वर्ण केवल चार हैं, पांचवां है ही नहीं। यह श्लोक एक पहेली का रूप लिए हुए है, यथाः

ब्राह्मण क्षत्रियोर्वैश्यस्त्रोवर्णा द्विजातयः। चतुर्थ एकजातिस्तु शुद्रों नास्ति तु पंचम।।10,4

यह कह सकना कि इसका ठीक अर्थ क्या है, आसान नहीं है। यह स्पष्ट ही है कि जिस समय मनुस्मृति के लेखक ने इसे लिखा, उस समय कोई विवाद चल रहा होगा। मनु ने यहां उसी विवाद को शान्त करने का कोशिश किया है। यह स्पष्ट ही मालूम होता है कि यह विवाद 'चातुर्वर्ण्य को लेकर किसी जाति' के संबंध में रहा होगा। यह भी उतना ही स्पष्ट है कि विवाद का केन्द्रबिन्दु क्या रहा होगा? संक्षेप में कहना हो तो विवाद का विषय यही रहा होगा कि अमुक जातिविशेष को चातुर्वर्ण्य के बाहर पांचवीं 'जाति' माना जाए? यह तो एकदम स्पष्ट है। जो बात स्पष्ट नहीं है वह यह है कि यह विवाद किस 'जाति' के संबंध में था? यह इस कारण कि जिस 'जाति' के संबंध में यह विवाद था, मनु ने उसके नाम का उल्लेख नहीं किया।

यह श्लोक इसलिए भी पहेली का रूप लिए हुए है कि मनु का फैसला भी अस्पष्ट है। मनु का फैसला है कि कोई पांचवां वर्ण नहीं है। एक सामान्य कथन के तौर पर तो इसका एक अर्थ है जो हर किसी कि समझ में आता है। लेकिन जब इस फैसला को उस जाति विशेष पर लागू किया जाए, जिसका दर्जा विवादग्रस्त विषय था, तो इसका क्या अर्थ होता है? स्पष्ट ही है कि इसके दो अर्थ होते हैं। इसका अर्थ यह भी हो सकता है कि चूंकि कोई पांचवां वर्ण नहीं है, इसलिए वह जाति - विशेष इन्हीं चारों वर्षों में से किसी एक के अन्तर्गत स्वीकार कर ली गई होगी; और इसका दूसरा अर्थ यह भी हो सकता है, कि चूंकि वर्ण चार ही होते हैं, पांचवां हो नहीं सकता, इसलिए उस जाति - विशेष को एकदम चातुर्वर्ण्य के बाहर माना गया होगा। सनातनी हिन्दू का परम्परागत विचार है कि मनुस्मृति के इस उद्धरण का 'अछूतों' से संबंध है। यह 'अछूतों' का ही दर्जा था जो विवाद का विषय था; और अछूतों के दर्जे के संबंध में ही मनु का फैसला है। यह अर्थ इतना अधिक बद्धमूल हो गया है कि इससे हिन्दुओं के ही दो भेद माने जाने लगे हैं।

सवर्ण हिन्दू तथा अवर्ण हिन्दू अर्थात् अछूत। सवाल है कि क्या यह विचार ठीक है?

मनु के इस श्लोक का अर्थ किससे है? क्या इसका अर्थ 'अछूतों से है? संभव है, इस विषय की चर्चा विवादग्रस्त सवाल से दूर की चीज मालूम हो लेकिन ऐसी बात नहीं है। क्योंकि यदि इस श्लोक का संबंध अछूतों से ही हो, तो इससे यह सिद्ध हो सकता है कि मनु के समय में छुआछूत था। यह एक ऐसा परिणाम है, जिसका विचारणीय विषय से सीधा संबंध है। इसलिए इस विषय को लेकर विवेचन करना ही होगा।

मेरा निश्चित विचार है कि उक्त अर्थ गलत है। मेरी मान्यता है कि इस श्लोक का अछूतों से कुछ भी संबंध नहीं। मनु ने यह कहीं नहीं कहा है कि वह कौन-सी जाति थी जिसका दर्जा विवाद का विषय था और जिसके विषय में मनु ने अपना फैसला दिया क्या यह अछूतों की जाति थी या यह कोई दूसरी जाति थी? अपने इस विचार के समर्थन में कि इस श्लोक का 'अछूतों' से किसी प्रकार से कुछ भी संबंध नहीं है, मैं दो बातों पर निर्भर करता हूं। पहली बात यह है कि मनु के समय में 'छुआछूत' नहीं था। उस समय केवल 'अपवित्रता' थी। चाण्डाल के प्रति मनु का भाव एक मात्र घृणा का है। वह चाण्डाल भी केवल 'अपवित्र' ही था। ऐसा होने पर इस श्लोक का किसी तरह भी छुआछूत से कोई संबंध नहीं हो सकता। दूसरी बात यह है कि हमारे पास इस बात के समर्थन में प्रमाण है कि इस श्लोक का संबंध 'अछूतों' से नहीं, 'दासों' से है। इस विचार का आधार 'नारद - स्मृति' के उस श्लोक की भाषा है, जिसका उद्धरण इस किताब के सातवें अध्याय में जहां 'छुआछूत के आधार में पेशों की चर्चा की गयी है, किया गया है। यह बात ध्यान देने की है कि नारद-स्मृति दासों को पांचवां वर्ण मानकर उनका उल्लेख करती है। यदि नारद - स्मृति में पांचवें वर्ण का अर्थ दास हो सकता है, तो कोई कारण नहीं कि मनुस्मृति में पांचवें वर्ण का अर्थ दास न हो। यदि यह तर्क ठीक है, तो इससे इस कथन की जड़ ही कट जाती है कि मनु के समय में 'छुआछूत' था और मनु 'अछूतों' को वर्ण-व्यवस्था के अंतर्गत लेने को तैयार न था। इन कारणों से मनुस्मृति के इस श्लोक का संबंध 'छुआछूत' से नहीं है और इसलिए यह मानने का कोई कारण नहीं है। कि मनु के साथ में छुआछूत था।

इस प्रकार हम निश्चयात्मक रूप से 'छुआछूत' की उत्पत्ति सीमा का फैसला कर सकते हैं। हम निश्चित रूप से कह सकते हैं कि मनुस्मृति ने छुआछूत का आदेश नहीं दिया, तो भी एक महत्त्वपूर्ण सवाल बाकी रह जाता है। मनुस्मृति का समय क्या है? इस सवाल के उत्तर के बिना एक सामान्य लोग के लिए किसी विशेष काल में 'छुआछूत' के होने न होने के बारे में कुछ भी कह सकना कठिन है। मनुस्मृति के काल के बारे में पंडितों में मतैक्य नहीं। कुछ इसे अत्यंत प्राचीन मानते हैं और कुछ अत्यंत अर्वाचीन। सभी बातों का विचार करके प्रो. बुहलर ने मनुस्मृति का एक समय निश्चित किया हैं, जो सत्य मालूम होता है।

श्री बुहलर के विचार से, जैसी मनुस्मृति हमें आज मिलती है, ईसा की दूसरी शताब्दी में, अस्तित्व में आई। केवल प्रो. बुहलर ने ही मनुस्मृति के लिए इतना सटीक का समय निश्चित

नहीं किया। श्री दफ्तरी भी इसी परिणाम पर पहुंचे हैं। उनका विचार है कि मनुस्मृति 185 ई. पूर्व के बाद अस्तित्व में आयी। इससे पहले नहीं। श्री दफ्तरी का तर्क है कि मौर्य वंश के नरेश बौद्ध महाराज वृद्रप्रथ की हत्या से, जो कि उसके ब्राह्मण सेनापति पुष्यमित्र ने की थी, इसका सीधा सम्बन्ध है। चूंकि यह दुर्घटना 185 ई. पूर्व हुई, इसलिए मनुस्मृति 185 ई. पूर्व के बाद लिखी गयी होगी। इस प्रकार के परिणाम का समर्थन करने के लिए पुष्यमित्र द्वारा वृहद्रथ मौर्य की हत्या और मनुस्मृति के लिखे जाने में जो सम्बन्ध रहा है, उसे जोरदार अकाट्य प्रमाणों से सिद्ध करने की आवश्यकता है। दुर्भाग्य से श्री दफ्तरी ने ऐसा नहीं किया। इसलिए उनका परिणाम निराधार मालूम होता है इस प्रकार के सम्बन्ध की स्थापना अनिवार्य है। सौभाग्य से इस सम्बन्ध में गवाही की कमी नहीं।

दुर्भाग्य से पुष्यमित्र द्वारा वृहद्र मौर्य की हत्या की ओर किसी का ध्यान नहीं गया, या जितना चाहिए उतना ध्यान आकर्षित नहीं हुआ। इतिहासज्ञों ने इसे दो व्यक्तियों के व्यक्तिगत झगड़े का सा रूप देकर एक सामान्य-सी घटना मान लिया है यदि इसके परिणामों की ओर ध्यान दें, तो यह युगान्तर कारी घटना थी। इस घटना का महत्त्व इस बात से नहीं मापा जा सकता कि यह दो राजवंशों का परिवर्तन था यानी मौर्यों द्वारा शृंगों का स्थान - ग्रहण। यह फ्रांस की राज्य-क्रांति से भी यदि बड़ी नहीं, तो उतनी ही बड़ी राजनीतिक क्रांति थी। यह एक क्रांति थी- 'लाल क्रांति'। इसका उद्देश्य था बौद्ध-राजाओं का तख्ता उलट देना। इसके सूत्र - संचालक थे ब्राह्मण। पुष्यमित्र द्वारा वृहद्रथ की हत्या इसी एक बात की द्योतक है।

विजयी ब्राह्मणवाद को अनेक चीजों की आवश्यकता थी। स्वाभाविक तौर पर इसके लिए यह जरूरी था कि यह चातुर्वर्ण्य को देश का कानून बना दे। बौद्ध इसे अस्वीकार करते ही थे। इसे इस बात की भी आवश्यकता थी कि जिस पशु बलि को बौद्धों ने रोक दिया था, उसे कानून का रूप दे दिया जाए। लेकिन इसे इसके अलावा और भी कुछ चाहिए था। बौद्ध-नरेशों के विरुद्ध यह क्रांति लाकर ब्राह्मणवाद ने देश के ऐसे दो प्रचलित नियमों का उल्लंघन कर दिया, जिनको सभी लोग पवित्र और अनुल्लंघनीय मानते थे। पहला नियम तो यह था कि ब्राह्मण के लिए शस्त्र का स्पर्श पाप था। दूसरे नियम के अनुसार राजा का शरीर पवित्र था और उसकी हत्या पाप। विजयी ब्राह्मणवाद को अपने पापों का समर्थन करने के लिए एक ऐसे पवित्र ग्रन्थ की आवश्यकता थी, जो सभी के लिए प्रमाण स्वरूप हो। 'मनुस्मृति' की एक ध्यान आकर्षित करनवाली विशेषता यह है कि यह न केवल चातुर्वर्ण्य को देश का कानून बनाती है और न केवल पशु बलि को कानून की दृष्टि से उचित ठहराती है, लेकिन यह, यह भी बताती है कि ब्राह्मण को कब हाथ में शस्त्र लेना चाहिए और कब वह राजा की हत्या करके भी अधम नहीं ठहरता। इस मामले में 'मनुस्मृति' ने वह काम किया है, जो पहले किसी स्मृति ने नहीं किया। यह एकदम नया रास्ता है यह एकदम नवीन सिद्धान्त है। 'मनुस्मृति' को ऐसा करने की

क्या आवश्यकता पड़ी? इसका केवल एक ही उत्तर है कि पुष्यमित्र ने जो राज्य - क्रांति की थी, उसका दार्शनिक समर्थन करने के लिए। पुष्यमित्र और मनुस्मृति के इस नये सिद्धान्त के बीच के सम्बन्ध से यही प्रकट होता है कि 'मनुस्मृति' 185 ई. पूर्व के कुछ बाद में अस्तित्व में आयी। यह ऐसी तिथि है, जो प्रो. बुहलर की तिथि से बहुत दूर नहीं हैं। 'मनुस्मृति' का काल-फैसला हो जाने पर हम कह सकते हैं कि दूसरी शाताब्दी में 'छुआछूत' नहीं था।

अब हम 'छुआछूत' की उत्पत्ति की नीचे की सीमा के फैसला की ओर ध्यान दें। इसके लिए हमें चीनी- यात्रियों के पास जाना होगा, जो भारत आये और जिन्होंने अपने समय के भारतीयों के रीति-रिवाजों का उल्लेख किया। इनमें से फाहियान नामक चीनी यात्री का कथन विशेष है। वह 400 ई. में भारत आया। जो कुछ उसने देखा और लिखा, उसमें निम्नलिखित अनुच्छेद आता हैं :-

"इस (मथुरा) से दक्षिण तथा कथित मध्यदेश है। यहां की जलवायु उष्ण समशीतोष्ण है, यहां न पाला पड़ता है, न बर्फ गिरती है। लोग समृद्धिशाली हैं। उन पर व्यक्ति कर नहीं है तथा वे दूसरी सरकारी पाबंदियों से भी मुक्त हैं। जो सरकारी जमीन जोतते हैं उन्हें अपने लाभ से एक भाग सरकार को देना पड़ता है यदि वे जोतते रहना चाहें तो जोतते रह सकते हैं, यदि बन्द करना चाहें तो बन्द कर सकते हैं। राजा बिना शारीरिक दण्ड के शासन करते हैं। अपराधियों पर परिस्थिति के अनुसार हलका या भारी जुर्माना किया जाता है। बार-बार विद्रोह करने पर भी केवल उनका दाहिना हाथ ही काटा जाता है। राजा के दायें-बायें रहने वाले उसके अंग रक्षकों को निश्चित वेतन है। देश भर में चाण्डालों के अलावा कोई भी न किसी जीव की हत्या करता है, न सूरापान करता है, और न लहसुन या प्याज खाता है। चाण्डालों को 'कुपुरुष' कहा जाता है। वे दूसरों से अलग रहते हैं। यदि वे बस्ती या बाजार में प्रवेश करते है, तो वे अपने आपको अलग करने के लिए लकड़ी के टुकड़े से एक प्रकार की आवाज करते हैं। इससे लोगों को उनके आगमन का पता लग जाता है वे उससे बच कर चलते हैं। इस प्रदेश में ये लोग न सूअर पालते हैं, न मुर्गे। ये पशुओं का क्रय-विक्रय नहीं करते। इनके यहां खुले बाजारों में न कसाई खाने होते हैं। और न शराब की दुकानें। क्रय-विक्रय में ये कौड़ियों का उपयोग करते हैं। चांडालों का काम है, केवल शिकार खेलना और मछली बेचना।"

क्या इस कथन को फाहियान के समय 'छुआछूत' का विद्यमानता का प्रमाण स्वीकार किया जा सकता है? चाण्डालों के प्रति जो व्यवहार किया जाता था, उस वर्णन के एक हिस्से से परिणाम निकाला जा सकता है कि फाहियान के समय 'छुआछूत' का अस्तित्व था।

लेकिन इस परिणाम के स्वीकार करने में एक कठिनाई है। कठिनाई इस कारण पैदा होती है, क्योंकि जो कुछ कहा गया है, वह चाण्डालों के विषय में है। 'छुआछूत' का अस्तित्व या अनस्तित्व सिद्ध करने के लिए 'चाण्डालों' का उदाहरण एक अच्छा उदाहरण नहीं। ब्राह्मण

'चाण्डालों' को अपना परम्परागत शत्रु समझते रहे हैं। उनके लिए यह स्वाभाविक है कि वे उन पर घृणित - आचरण का आरोप लगाएं, उनके लिए नीच शब्दों का प्रयोग करें और अपनी द्वेष भावना की शन्ति के लिए उनके प्रति एकदम बनावटी व्यवहार करें। इसलिए जो कुछ भी चाण्डालों के बारे में कहा गया है, उस पर बहुत सोच-विचार कर विश्वास करना चाहिए।

यह तर्क केवल कल्पनाश्रित नहीं है। जिन्हें यह तर्क दुर्बल मालूम होता हो, वे प्रमाण-स्वरूप बाण की 'कादम्बरी' में किये गये चाण्डालों के प्रति अलग व्यवहार पर विचार कर सकते हैं। कादम्बरी की कथा बड़ी उलझी हुई है। वास्तव में उससे हमारा विशेष सम्बन्ध भी नहीं। हमारे उद्देश्य के लिए इतनी ही जानकारी पर्याप्त है कि यह कथा, एक चाण्डाल - कन्या द्वारा पाले गये वैशम्पायन नामक तोते ने शूद्रक राजा को सुनायी हैं। कादम्बरी का निम्नलिखित उद्धरण हमारे लिए महत्त्वपूर्ण है। बाण ने चाण्डाल बस्ती का जो वर्णन किया है, उसी से आरम्भ करना ठीक होगा। वह इस प्रकार है

“मैने बर्बरों की बस्ती देखी- दुष्कर्मों का साक्षात् बाजार चारों ओर शिकार रत लड़के, अपने कुत्तों को खोलते हुए, अपने बाजों को सिखाते हुए, अपने जाल सुधारते हुए, हथियार लिये हुए, मछली पकड़ते हुए, वेश-भूषा में भूतों के समान भयानक। घने बांस के जंगलों से घिरी उनकी बस्तियों के दरवाजों का अनुमान जहां-तहां उठने वाले घरों के धुएं से लग सकता था। चारों ओर के घेरे में खोपड़ियां लगी हुई, रास्ते में कूड़े के ढेर पर हड्डियां पड़ी हुई, झोपड़ियों के आंगन में रक्त, चर्बी और मांस के टुकड़ों का कीचड़। उनका जीवन शिकार का, भोजन मांस का, तेल-फुलेल चर्बी का, वस्त्र मोटे। खुरदुरे रेशम के, आसन सूखे चमड़े के, घरों के पहरेदार कुत्ते, चढ़ने के लिए पशु-गायें, लोग के लिए काम, स्त्री और शराब, देवताओं के लिए बलि रक्त की, पश-वध। वह जगह साक्षात् नरक की मूर्ति थी।”

इस प्रकार की बस्ती में से चाण्डाल - कन्या अपने तोते के साथ राजा शुद्रक के महल को जाती है। राजा शूद्रक अपने दरबारियों के साथ दरबार में विराजमान है। द्वार पालिका अन्दर आती है और निम्न प्रकार की सूचना देती है। "महाराज, दक्षिण से आयी हुई एक चाण्डाल - कन्या द्वार पर खड़ी है। वह उस त्रिशंकु वंशी की शोभा है जो आकाश पर चढ़ा था, किंतु क्रोधी इन्द्र के वज्र - प्रहार के कारण भूमि पर गिरा। उसके पास पिंजरे में एक तोता है और वह मेरे द्वारा श्रीमान से यह निवेदन करती है - महाराजा, आप समुद्र की तरह संसार के सारे रत्नों को ग्रहण करने के अधिकारी है यह समझकर कि यह तोता संसार का एक अद्भुत आश्चर्य और अमूल्य रत्न है, मैं आपको समर्पित करने के लिए लायी हूं और आपके दर्शन करना चाहती हूं हे राजन्! आपने उसका सन्देश सुन लिया। अब आप जो आज्ञा दें। "

इस प्रकार उसने भाषण किया। राजा ने, जिसकी उत्सुकता जागृत हो गयी थी, दरबारियां की ओर देखा और 'क्यों नहीं, उसे आने दो' कह अपनी आज्ञा दे दी। तब राजाज्ञा पाते ही

द्वारपालिका ने उस चाण्डाल - कन्या को अन्दर आने दिया। वह चली आई और उसके दरबारियों ने पहले उसकी ओर ध्यान नहीं दिया। राजा का ध्यान आकर्षित करने के लिए उसने चित्रित फर्श को बांस से ठोंका। इसके आगे बाण सौन्दर्य का वर्णन करता है :- "तब राजा ने 'उधर देखो' कहकर द्वारपालिका के निर्देशानुसार उस चाण्डाल-कन्या की वेश-भूषा की ओर बड़े ध्यान से देखा। उसके आगे-आगे एक लोग चल रहा था, जिसके बालों को उसकी दीर्घ आयु ने सफेद कर दिया था, जिसकी आंखें कमल की तरह लाल थीं; जिसके अंग, बिगत- तारुण्य होने पर भी लगातार परिश्रम के कारण मजबूत थे; उसकी शक्ल-सूरत हालाकि मातंग की थी, तो भी उपेक्षणीय नहीं थी, और जो दरबार के योग्य श्वेत वस्त्र धारण किये हुए था। उसके पीछे-पीछे एक चांडाल लड़का था, जिसके बाल दोनों कन्धों पर लटके हुए थे। उसके हाथ में एक पिंजरा था। पिंजरे की तीलियों का रंग हालाकि सुनहरा था, तो भी वे तोते की कलंगी की छाया पड़ने के कारण नीलम की तरह चमकती थीं। वह (चांडाल - कन्या) खुद अपने सांवले रंग के कारण उस कृष्ण के सदृश्य थी, जिसने एक बार असुरों से अमृत छीनने के लिए स्त्री - भेष धारण किया था। वह ऐसी मालूम होती थी, मानो नीलम की प्रतिमा चली आ रही हो। उसके नीले वस्त्रों पर, जो एड़ी तक लटके हुए थे, लाल रंग के रेशम की एक चादर पड़ी थी, मानो संध्या कालीन सूर्य नीले कमल पर चमक रहा हो। उनके कान से लटकती हुई बाली के कारण उसके गाल का रंग सफेद हो गया था, जैसे उगते हुए चन्द्रमा की किरणों के कारण रात्रि का मुखड़ा। उसके माथे पर गोरोचन का एक छोटा सा तिलक था, मानो यह एक तीसरी आंख हो। वह शिवजी के अंग पर सजी पर्वतारोहिणी पार्वती-सी लगती थी।"

"वह श्री (लक्ष्मी) की तरह शोभायमान थी, जिसके वस्त्र नारायण की नील वर्ण छाया की शोभा से सुशोभित थे; या रति की तरह, जिसे क्रोधी शिव द्वारा दहन किये गये कामदेव की आग से उत्पन्न होने वाले धुएं ने काला कर दिया था; या यमुना की तरह, जो बलराम के हल से खीचीं जाने के डर से भागी जा रही थी, या गहरी लाख से जिसने उसके कमल जैसे चरणों में से कोंपलें निकाल दीं, ठीक वैसे ही जैसे दुर्गा के रक्त-चरण जिसने असुर महिषासुर का दमन किया हो।"

"उसकी उंगलियों की गहरी लाली के कारण उसके नाखून गुलाबी रंग के थे, चित्रित फर्श उसके कोमल स्पर्श के लिए अति कठोर था। वह आगे बढ़ी और उसने अपने पांव जमीन पर ऐसे टेक दिये मानों दो कमल की टहनियां हों।" "उसके पांव से निकलने वाली अग्नि वर्ण किरणें उसे घेरे हुए थीं, मानो वह अग्नि (देवता) के बाहुओं में घिरी हो, मानो उसके सौन्दर्य पर मुग्ध होकर वह उसके जन्म- दूषण को दूर कर ब्रह्मा के 'कृत' को 'अकृत' करना चाहता है।"

"उसकी कमर ऐसी थी मानो प्रेम के हाथों के माथे पर तारों की पंक्ति जड़ी हो; उसकी माला बड़े- बड़े चमकदार मोतियों की एक लड़ी थी, मानो गंगा की धारा जिसे अभी-अभी

यमुना ने रंगत दी हो।"

"शरद ऋतु की भांति उसने अपने कमल - सदृश नयन खोले। वर्षा ऋतु के बादलों जैसे उसके काले-काले बाल थे, मलय पर्वत की श्रृंखला की तरह वह चन्दन से लदी थी, राशि चक्र की तरह वह मोतियों से जड़ी थी; सरस्वती की तरह उसका हाथ, कमल की तरह सुन्दर था; मूर्च्छा की तरह वह हृदय पर अधिकार करती थी; वन की तरह उसके पास जीवित सौन्दर्य था; देवकन्या की तरह उस पर किसी का अधिकार न था; निद्रा की तरह वह आंखों पर जादू करती थी; जिस प्रकार जंगल में एक कमल- सरोवर हाथियों से उपद्रवित रहता है, उसी प्रकार अपने मातंग जन्म के कारण कुछ आभाहीन थी; देवता की तरह उसका स्पर्श नहीं किया जा सकता था; यंत्र की तरह वह केवल आंखों को सुख देनेवाली थी; बसंत के फूलों की तरह यह जाति - पुष्प विहीन थी; कामदेव के धनुष की तरह उसकी पतली कमर हाथ से तानी जा सकती थी और उसके सुंघराले बाल, अलकापुरी के यक्ष-राज की लक्ष्मी के समान थे। उसका तारुण्य अभी खिला ही था, वह अत्यन्त सुन्दर थी।"

"राजा को आश्चर्य हुआ। वह सोचने लगा 'विधाता ने, इस सौन्दर्य को अस्थाने (अनुचित स्थान पर) उत्पन्न किया। क्योंकि यदि वह चांडाल - रूप का उपहास करने के लिए पैदा हुई है और सारे संसार के सौन्दर्य-रूपी धन का उसके द्वारा उपहास होता है, तो वह एक ऐसी जाति में क्यों पैदा हुई कि कोई उसका उपयोग ही न कर सके। निःसंदेह प्रजापति ने केवल अपनी कल्पना से ही इसकी रचना की है। उसे डर रहा कि मातंग जाति के स्पर्श से कहीं उसे दण्ड न भोगना पड़े, अन्यथा यह अछूत - सौंदर्य, जो हाथ से बनाये अंगों में आ ही नहीं सकता, कहां से आया? और, हालाकि इसका रूप सुन्दर है, तो भी अपने जन्म की नीचता के कारण, वह मृत्यलोक की लक्ष्मी की तरह देवताओं की निरन्तर निंदा का कारण है, तथा अपने सौंदर्य के ही कारण इस प्रकार की विचित्र रचना करने वाले ब्रह्मा के मन में भय का संचार करती है। जिस समय राजा इस प्रकार सोच रहा था, वह कन्या, बड़े विश्वास के साथ जो उसकी आयु से परे की चीज थी, राजा के सामने झुकी, कानों तक फूलों से लदी हुई थी। जिस समय वह प्रणाम करके चित्रित फर्श पर आगे बढ़ी तो उसके सेवक ने वह तोता लिया जो अभी पिंजरे में घुसा था : और दो-चार कदम आगे बढ़कर उसे राजा को दिखाते हुए कहा

"श्रीमान! इस तोते का नाम वैशम्पायन है। यह सब शास्त्रों का अर्थ जानता है। यह राजनीति के व्यवहार में कुशल है। यह कथा, इतिहास और पुराण का पण्डित है। यह संगीत के लयताल से सुपरिचित है। यह सुन्दर अद्वितीय आधुनिक प्रेम-कथाओं, नाटकों और कविताओं की रचना करता था। हमें सुनाता है। यह वाक्पटु है और बीणा, बांसुरी मृदंग वादन में अद्वितीय था यह नृत्य कला का पण्डित है और चित्रकला में भी चतुर है यह क्रीड़ा में बहादुर है, और घोड़े। लोगों तथा स्त्रियों के लक्षण का ज्ञाता है। यह सारी पृथ्वी का रत्न है मेरे स्वामी

की पुत्री, यही विचार करके कि जिस प्रकार मोतियों का स्थान समुद्र में है, उसी प्रकार पृथ्वी के धन आप हैं। उसे आपको समर्पित करने के लिए लायी है।

राजन् इसे स्वीकार करें।"

चाण्डाल - कन्या का यह वर्णन पढ़ते हैं, तो अनेक सवाल पैदा होते हैं। पहले तो यही कि यह वर्णन फाहियान के वर्णन से कितना अलग है? दूसरे बाण एक वात्स्यायन ब्राह्मण है। इस वात्स्यायन ब्राह्मण का चांडाल - बस्ती का ऐसा वर्णन कर चुकने के बाद चाण्डाल - कन्या को ऐसा ठाट-बाट का वर्णन करने में कुछ संकोच नहीं होता। क्या इस वर्णन का 'छुआछूत' के साथ जुड़ी हुई पहले दर्जे की घृणा की भावना के साथ मेल बैठता है? यदि चाण्डाल अछूत थे, तो अछूत कन्या राजा के महल में कैसे जा सकती थी? एक अछूत के लिए बाण इस प्रकार की भाषा कैसे उपयोग में ला सकता था? पतित होने की बात तो बहुत दूर है बाण के समय में चांडालों में राजवंश भी थे। बाण ही चांडालकन्या को चांडाल - राज कुमारी कहता है। ब्राह्मण ने कादम्बरी को 600 ई. के आस-पास लिखा। इसका अर्थ हुआ कि 600 ई. तक चाण्डाल

अछूत नहीं समझे जाते थे। इससे यह एकदम सम्भव मालूम होता है कि फाह्यान ने जिस अवस्था का वर्णन किया है। वह हालाकि छुआछूत की सीमा को स्पर्श करती है, किंतु वह छुआछूत नहीं भी हो सकती। सम्भव है कि यह अपवित्रता की ही एक सीमा हो। ब्राह्मणों को इस प्रकार की 'पवित्रता' को लेकर अति करने की बुरी आदत रही है। यह बात और अधिक सम्भव मालूम होती है, यदि हम यह बात याद रखें कि जब फाह्यान भारत आया, उस समय यहां गुप्त राजाओं का राज्य था। गुप्तनरेश ब्राह्मणवाद के समर्थक थे। यही वह समय है जब ब्राह्मणवाद का पुनरुद्धार हुआ और वह विजयी हुआ। यह एकदम सम्भव है कि फाह्यान जिस चीज का वर्णन करता है, वह 'छुआछूत' नहीं है लेकिन वह एक सीमा है, जहां तक ब्राह्मण इस संस्कारगत अपवित्रता को खींचकर ले जाना चाहते थे। यह संस्कारगत अपवित्रता कुछ जातियां विशेष रूप से चांडालों के साथ जुड़ गयी थीं। दूसरा चीनी - यात्री जो भारत आया, उसका नाम यूवान च्वांग था। वह 629 ई. में भारत आया। वह भारत में 16 वर्ष रहा और लागों कि रीति- रस्मों और देश के एक सिरे से दूसरे सिरे तक की गयी अपनी यात्राओं का बहुत ही सच्चा लेख अपने पीछे छोड़ गया है। भारत के मकानों और शहरों की सामान्य अवस्था का वर्णन करते हुए वह कहता है

“जिन बस्तियों और शहरों में वे रहते हैं, उन शहरों या प्रदेशों की चार दीवारी ऊंची और चौड़ी है, लेकिन सड़कें तंग और टेढ़ी-मेढ़ी हैं। दुकानें सड़कों पर हैं और सरायें सड़क के किनारे-किनारे हैं। कसाई, धोबी, नट, नर्तक, बधिक और भंगियों की स्त्रियां एक निश्चित चिन्ह द्वारा अलग की गयी हैं। वे शहर से बाहर रहने के लिए मजबूर किये जाते हैं, और जब कभी उन्हें किसी घर के पास से गुजरना होता है, तो वे बायीं और बहुत दबकर निकलते हैं।”

ऊपर का उदाहरण इतना अधिक छोटा है कि उससे कोई निश्चित परिणाम निकालना असम्भव है। लेकिन इसमें एक बात महत्त्व की है, और वह यह कि फाहियान का जो वर्णन है, वह केवल चांडालों से सम्बन्ध रखता है, और यूवान - च्चांग का वर्णन चांडालों के अलावा दूसरी जातियों पर भी लागू होता है। यह एक बड़े महत्त्व की बात है। ऐसे वर्णन के विद्ध कोई ऐसा वैसा तर्क नहीं लिया जा सकता क्योंकि यह चांडालयों के अलावा दूसरी जातियों पर भी लागू है इसलिए यह एकदम सम्भव है कि जब यूवान - च्चांग भारत आया, तो छुआछूत की उत्पत्ति हो गयी थी।

ऊपर जो कुछ कहा जा चुका है, उसके आधार पर हम यह कह सकते हैं। कि 200 ई. में तो छुआछूत का अस्तित्व नहीं था, लेकिन 600 ई. तक इसका जन्म हो गया था।

छुआछूत की उत्पत्ति के फैसला के लिए ये ऊपर और नीचे की दो सीमाएं हैं। क्या हम 'छुआछूत' की उत्पति की कोई ऐसी तिथि निश्चित कर सकते हैं, जो लगभग ठीक हो। मैं समझता हूं कि यदि हम गोमांसाहार से आरम्भ करें, तो हम कह सकते हैं गोमांसाहार ही 'छुआछूत' के मूल में निहित है। यदि हम गोमांसाहार-निषेध को अपने चिंतन को आधारशिला बनायें, तो इसका यह मतलब होता है कि 'छुआछूत' की उत्पत्ति का गोवध तथा गोमांसाहार निषेध से सीधा सम्बन्ध होना चाहिए। यदि हम यह बता सकें कि गोवध किस समय एक अपराध बना, और गोमांसाहार किस समय पाप बना, तो हम 'छुआछूत' की उत्पत्ति की एक ऐसी तिथि निश्चित कर सकते हैं, जो लगभग ठीक हो।

गोवध एक अपराध घोषित किया गया? हम जानते हैं कि मनु ने न तो गोमांसाहार का निषेध किया और न ही गोवध को ही एक अपराध ठहराया। यह अपराध कब बना? जैसा कि डॉ. डी. आर. भंडारकर ने स्पष्ट किया है, चौथी ईस्वी में किसी समय गुप्त - नरेशों द्वारा गो-वध प्राण- दंडणीय अपराध घोषित हुआ।

इसीलिए हम कुछ विश्वास के साथ कह सकते हैं कि छुआछूत 400 ई. के आस-पास किसी समय पैदा हुआ। यह बौद्ध धर्म और ब्राह्मण धर्म के संघर्ष में से पैदा हुआ है। इस संघर्ष ने भारत के इतिहास को पूरी तरह बदल दिया है। खेद है कि भारतीय इतिहास के विद्यार्थियों ने इसके अध्ययन की उपेक्षा की है।

❐ ❐ ❐